Kohlhammer

Soziale Arbeit – kompakt & direkt

Herausgegeben von Rudolf Bieker und Heike Niemeyer

Eine Übersicht aller lieferbaren und im Buchhandel angekündigten Bände der Reihe finden Sie unter:

 https://shop.kohlhammer.de/soziale-arbeit-kompakt-direkt

Der Autor

Prof. Dr. Harald Ansen ist Diplom-Sozialpädagoge und Hochschullehrer für Theorien und Methoden der Sozialen Arbeit an der Hochschule für Angewandte Wissenschaften Hamburg. Er lehrt und forscht in den Bereichen Armut und soziale Teilhabe sowie Beratung in der Sozialen Arbeit.

Harald Ansen

Gespräche führen in der Sozialen Arbeit

Kommunikation wirksam gestalten

Verlag W. Kohlhammer

Dieses Werk einschließlich aller seiner Teile ist urheberrechtlich geschützt. Jede Verwendung außerhalb der engen Grenzen des Urheberrechts ist ohne Zustimmung des Verlags unzulässig und strafbar. Das gilt insbesondere für Vervielfältigungen, Übersetzungen, Mikroverfilmungen und für die Einspeicherung und Verarbeitung in elektronischen Systemen.

Die Wiedergabe von Warenbezeichnungen, Handelsnamen und sonstigen Kennzeichen in diesem Buch berechtigt nicht zu der Annahme, dass diese von jedermann frei benutzt werden dürfen. Vielmehr kann es sich auch dann um eingetragene Warenzeichen oder sonstige geschützte Kennzeichen handeln, wenn sie nicht eigens als solche gekennzeichnet sind.

Es konnten nicht alle Rechtsinhaber von Abbildungen ermittelt werden. Sollte dem Verlag gegenüber der Nachweis der Rechtsinhaberschaft geführt werden, wird das branchenübliche Honorar nachträglich gezahlt.

Dieses Werk enthält Hinweise/Links zu externen Websites Dritter, auf deren Inhalt der Verlag keinen Einfluss hat und die der Haftung der jeweiligen Seitenanbieter oder -betreiber unterliegen. Zum Zeitpunkt der Verlinkung wurden die externen Websites auf mögliche Rechtsverstöße überprüft und dabei keine Rechtsverletzung festgestellt. Ohne konkrete Hinweise auf eine solche Rechtsverletzung ist eine permanente inhaltliche Kontrolle der verlinkten Seiten nicht zumutbar. Sollten jedoch Rechtsverletzungen bekannt werden, werden die betroffenen externen Links soweit möglich unverzüglich entfernt.

1. Auflage 2024

Alle Rechte vorbehalten
© W. Kohlhammer GmbH, Stuttgart
Gesamtherstellung: W. Kohlhammer GmbH, Stuttgart

Print:
ISBN 978-3-17-041903-2

E-Book-Formate:
pdf: ISBN 978-3-17-041904-9
epub: ISBN 978-3-17-041905-6

Vorwort der Reihenherausgeber*innen

Ergänzend zu klassischen Lehrbüchern geht es in der neuen Reihe »Soziale Arbeit – *kompakt & direkt*« um die vertiefende Bearbeitung spezieller Themen- und Fragestellungen aus der Sozialen Arbeit und ihren Bezugsdisziplinen, z. B. theoretische Konzepte, spezifische Methoden, Arbeitsfelder oder soziale Probleme. *Kompakt und direkt* heißt die neue Reihe, weil sie in der Präsentation der Inhalte auf das konzentriert ist, was Lernende über das ausgewählte Thema wissen und für Studienleistungen und Prüfungen zielgenau aufbereiten können sollten.

Zielgruppen der Reihe sind jedoch nicht nur Studierende im Bacheloroder Masterstudium, sondern auch Berufseinsteiger*innen und Praktiker*innen, die autodidaktisch oder in Fortbildungen Anschluss an den aktuellen wissenschaftlichen Diskurs halten wollen.

Der fokussierte Zuschnitt der Bände spiegelt sich in einem innovativen Buchformat, das Leser*innen Überschaubarkeit im Umfang und eine gut strukturierte Textpräsentation bietet. Zentrale Sachverhalte werden anhand von Praxisbeispielen und Abbildungen veranschaulicht. Didaktische Elemente wie Begriffserläuterungen, Textcontainer, Reminder, Essentials, kurze Zusammenfassungen, Piktogramme etc. erleichtern das Erfassen, Speichern und Wiederaufrufen der Inhalte.

Die Autor*innen der Bände sind durch ihre wissenschaftliche Expertise ausgewiesen, schreiberfahren und stehen in der Regel mit Studierenden und Praxisfeldern in engem Kontakt.

Rudolf Bieker und Heike Niemeyer, Köln

Zu diesem Buch

In diesem Band geht es um Ansätze der professionellen Gesprächsführung in der Sozialen Arbeit. Die Auswahl der gewählten Schwerpunktthemen folgt vielfältigen Erfahrungen in der Lehre und in der Fortbildung von Fachkräften, sie entsprechen zentralen Herausforderungen der Praxis des fallbezogenen Handelns.

Die Kapitel über die beziehungsorientierte, die motivationsorientierte, die netzwerkorientierte und die krisenorientierte Gesprächsführung sind vergleichbar aufgebaut. Nach systematischen Hinweisen zu den einzelnen Themengebieten folgen jeweils Anregungen für die konkrete Gesprächsführung, die ganz unterschiedlichen Ansätzen entnommen werden. Hierbei wird auf Fallbeispiele zurückgegriffen, die einen Eindruck davon vermitteln, wie einzelne Techniken der Gesprächsführung umgesetzt werden können.

Eine rezepthafte Anwendung der Gesprächsführung sollte unbedingt vermieden werden. Dafür sensibilisieren die eingangs vorgestellten Überlegungen zu den Grundlagen der themenbezogen Gesprächsführung, die für eine reflektierte und situationsangemessene Vorgehensweise plädieren. Auf dem Weg in die Praxis kommt es darauf an, die Gesprächsführung den jeweiligen Anforderungen der Fallarbeit eigenständig anzupassen oder zu transformieren.

Hamburg, im Januar 2024
Harald Ansen

Inhalt

Vorwort der Reihenherausgeber*innen 5

Zu diesem Buch 7

1 **Grundlagen der themenbezogenen Gesprächsführung in der Sozialen Arbeit** 11
  1.1 Gesprächsführungsansätze in der Praxis 12
  1.2 Lernprozesse ermöglichen in der Gesprächsführung 16
  1.3 Sozialarbeitstheoretische Impulse 19

2 **Beziehungsorientierte Gesprächsführung** 24
  2.1 Charakteristika einer professionellen Beziehung 27
  2.2 Vertrauen in der professionellen Beziehung 30
  2.3 Personenorientierte Gesprächsführung in der Beziehungsgestaltung 32
  2.4 Balance von Nähe und Distanz in der Gesprächsführung 40

3 **Motivationsorientierte Gesprächsführung** 45
  3.1 Grundverständnis der Motivation 47
  3.2 Umgang mit Ambivalenzen 50
  3.3 Motivationsförderung durch Zukunftsvorstellungen 56
  3.4 Motivationsförderung durch Ermutigungen 60

4 **Netzwerkorientierte Gesprächsführung** 65
  4.1 Charakteristika sozialer Netzwerke 68

Inhalt

4.2	Soziale Unterstützung	71
4.3	Analyse sozialer Netzwerke	74
4.4	Netzwerkinterventionen	79

5 Krisenorientierte Gesprächsführung ... **88**
- 5.1 Kennzeichen psychosozialer Krisen ... 90
- 5.2 Grundsätze der Krisenintervention ... 95
- 5.3 Emotionsregulation in der krisenorientierten Gesprächsführung ... 99
- 5.4 Dysfunktionale Kognitionen in der krisenorientierten Gesprächsführung ... 103
- 5.5 Ressourcenaktivierung in der krisenorientierten Gesprächsführung ... 106

6 Ausblick ... **113**

Literatur ... **115**

1 Grundlagen der themenbezogenen Gesprächsführung in der Sozialen Arbeit

☞ **Überblick**

In den Ausführungen über die Gesprächsführung in der Sozialen Arbeit werden Grundlagen für den Umgang mit einzelnen methodischen Ansätzen erörtert. Die Anwendung der Gesprächsführung setzt Wissen, Können und eine Haltung voraus, die Fachkräfte darin bestärken, auf eine rigide Handhabung methodischer Vorgaben zu verzichten und beispielsweise auch Intuitionen begründet zu folgen. In der Praxis kommt es darauf an, unterschiedliche situative und strukturelle Einflussfaktoren zu berücksichtigen und mit Gesprächsführungsansätzen kreativ umzugehen. In der Sozialen Arbeit geht es in allen Handlungsfeldern darum, die Autonomie der Zielgruppen zu fördern. Für die Gesprächsführung bedeutet dies, Adressat*innen in der Aneignung eines handlungsbefähigenden Wissens zu unterstützen. Dafür ist eine didaktische Ausrichtung förderlich, in der die Lebenslage und die Interessen der Ratsuchenden ebenso berücksichtigt werden wie die konkrete Lern- oder Gesprächssituation. Das sozialarbeiterische Selbstverständnis der Vermeidung von Fremdbestimmung erfordert überdies eine theoretische Reflexionsbasis.

Noch vor der Auseinandersetzung mit einzelnen themenbezogenen Ansätzen der Gesprächsführung ist es sinnvoll, sich Gedanken über den Umgang mit den Gesprächsinstruktionen zu machen. Die Erwartung, nun endlich ein unmittelbar anwendbares Wissen zu erwerben, geht über das Ziel hinaus. Im Umgang mit den Gesprächsführungsansätzen kommt es darauf an, in unterschiedlichen Situationen angemessen zu reagieren und nicht dogmatisch am Lehrbuchwissen festzuhalten (▶ Kap. 1.1). Die Gesprächsführung in der Sozialen Arbeit ist dem Ziel verpflichtet, Adressat*innen Entwicklungs- und Lernprozesse zu ermöglichen, die sie befähigen, wieder eigenständig in ihrem Alltag zurechtzukommen (▶ Kap. 1.2). Für die Handhabung von allgemeinen Gesprächsführungshinweisen und die Umsetzung einer Lernperspektive ist der Rückgriff auf sozialarbeitstheoretische Erkenntnisse weiterführend, die dazu auffordern, Adressat*innen mit ihren Besonderheiten, Fähigkeiten und Bedürfnissen in den Prozess der Gesprächsführung einzubeziehen (▶ Kap. 1.3).

1.1 Gesprächsführungsansätze in der Praxis

Die Anwendung unterschiedlicher Gesprächsführungsansätze in der Sozialen Arbeit setzt bei Fachkräften Wissen, Können und eine angemessene Haltung voraus (von Spiegel 2021, 86 f.). *Wissen* bezieht sich auf die inhaltlichen Dimensionen des gewählten Ansatzes. Wer keine Vorstellung über eine Krise hat, um nur ein Beispiel zu wählen, greift möglicherweise in der Krisenintervention auf wenig unterstützende Formen der Gesprächsführung zurück, die im ungünstigen Fall mehr Schaden anrichten als Nutzen stiften. Dies ist etwa der Fall, wenn ein Mensch in der Krise temporär keine Entscheidungen treffen kann, die Fachkraft sich aber in einer zu eng verstandenen personenzentrierten Perspektive weigert, situativ eine stellvertretende Entscheidung zu treffen, damit die betroffene Person zunächst über die Runden kommt. *Können* steht für methodische Fähigkeiten der Gesprächsführung. Eine reflektierte und technisch versierte Anwendung erhöht die Wirksamkeit, ist aber keine alleinige Erfolgsgarantie. Hinzu kommt eine authentische oder glaubwürdige *Haltung*. Die Methode muss schließlich zur jeweiligen Fachkraft passen, ansonsten bleibt sie äußerlich und wirkt steril oder gar unglaubwürdig.

> **Gut zu merken**
>
> Gesprächsführung erfordert
>
> - Wissen
> - Können
> - Haltung.

Die Auseinandersetzung mit der Haltung ist bedeutsam, trägt sie doch wesentlich dazu bei, die Potenziale der Gesprächsführung zu entfalten. Die Haltung kann auf zweierlei Weise betrachtet werden. Zum einen ist die *Körperhaltung* gemeint. Sie kann gelassen, angespannt, aggressiv oder (un-) interessiert sein und wird von Ratsuchenden wahrgenommen. Zum anderen steht Haltung für die *innere Verfassung und Stimmung*. Fachkräfte wirken auf Ratsuchende insbesondere dann glaubwürdig, wenn beide Formen der Haltung für sie übereinstimmen. Haltungen in der Gesprächsführung unterliegen bewussten Entscheidungen in unterschiedlichen Situationen (Herwig-Lempp 2022, 142 f.). Wie in den folgenden Ausführungen an ganz unterschiedlichen Stellen noch deutlich wird, erfordert die professionelle Gesprächsführung von den Fachkräften immer wieder spontane, kreative und situationsangemessene Reaktionen auf nicht vorhersehbare Gesprächsverläufe. In Bezug auf die Haltung folgt daraus beispielsweise, dass eine gewährende Haltung in der Gesprächsführung, mit der Ratsuchende Raum für eigene Akzente finden, nicht in jedem Fall durchgehalten werden kann, etwa wenn es erforderlich ist, Grenzen bei aggressiven Verhaltensweisen zu setzen, mit denen sich Fachkräfte gegen übergriffiges oder sie verletzendes Verhalten schützen.

In einer übergreifenden Perspektive geht es in der Gesprächsführung um Aspekte, die dazu beitragen, das eigene Verhalten professionell zu reflektieren und immer im Blick zu behalten, dass Gespräche *unterschiedliche Funktionen* in einem Unterstützungsprozess erfüllen. Gespräche in der Sozialen Arbeit tragen dazu bei, einen Kontakt und vertiefend eine Beziehung mit Adressat*innen aufzubauen. Sie sind das zentrale Medium des Austauschs von Informationen und Wissen, sie helfen einander besser zu

1 Grundlagen der themenbezogenen Gesprächsführung in der Sozialen Arbeit

verstehen und sie unterstützen kooperative Problemlösungen (Widulle 2020, 3 f.). Gespräche in der Sozialen Arbeit dienen der Erörterung von Handlungsmöglichkeiten unter Berücksichtigung äußerer Bedingungen und vorhandener sowie zu entwickelnder Fähigkeiten. Sie ermöglichen damit Lernprozesse, die auf einem argumentativen Austausch basieren (Giesecke 2015, 85 f.). In Gesprächen erweitern die Beteiligten ihren Horizont; das Handeln wird aus verschiedenen Perspektiven betrachtet und damit Veränderungen zugänglich gemacht (Ebert 2017, 17 f.). Dies gilt für Ratsuchende wie für Fachkräfte gleichermaßen. Was kann beispielsweise eine Fachkraft von Ratsuchenden lernen? Fühlen sich Ratsuchende durch ständige Fragen bedrängt, kann das ein Hinweis sein, die gewählte explorative Gesprächsführung zu überdenken und anstatt Serienfragen offene Fragen mit Möglichkeiten für eigenständige Antworten auszuwählen. Die breiten Funktionen von Gesprächen in der Sozialen Arbeit erfordern es, unterschiedliche Ansätze je nach Situation und der zu bearbeitenden Themen heranzuziehen.

Das Wissen um unterschiedliche Varianten der Gesprächsführung reicht für das professionelle Handeln allerdings noch nicht aus. Zusätzlich kommt es darauf an, den jeweiligen Anwendungsfall eines Gesprächsführungsansatzes zu erkennen und je nach Fallverlauf auch unterschiedliche Formen der Gesprächsführung zu kombinieren. Neben Wissen, Können und Haltung ist *Intuition* für die Auswahl eines methodischen Vorgehens und die Anwendung einzelner Gesprächsführungsansätze bedeutsam.

Ruth Cohn, die Begründerin der Themenzentrierten Interaktion, hat der Intuition in ihren Überlegungen einen wichtigen Platz eingeräumt. Sie fasst darunter Wahrnehmungen, emotionale Signale, Erinnerungen und Schlussfolgerungen, die nicht bewusst erfolgen, vielmehr Vorahnungen und spontane Erkenntnisse darstellen. Für zwischenmenschliche Beziehungen, auch im professionellen Rahmen, sind Intuitionen bedeutsam (Cohn 1986, 134 f.). Intuitionen stehen für einen Prozess, in dem subjektive Anteile zur Geltung kommen, also Ahnungen noch ohne tiefere Begründungen, die im methodischen Handeln eine Rolle spielen (Wendt 2021, 411). Das auf Körpersignale, Bilder und Emotionen sowie auf soziale Faktoren bezogene gefühlte Wissen beeinflusst menschliches Handeln (Herrmann 2023, 33 f.). Übertragen auf die Anwendung einzelner Gesprächsführungsansätze sind Fachkräfte klug beraten, wenn sie sich nicht

1.1 Gesprächsführungsansätze in der Praxis

nur auf ihr Wissen und ihre methodische Schulung verlassen, sondern in konkreten Situationen auch ihren Ahnungen und Eingebungen folgen. Dadurch wird ein Gespräch lebendig. Die Beachtung von Intuitionen trägt dazu bei, Gesprächsführungshinweise nicht einfach auf die Praxis zu übertragen, sondern sie im Gesprächsverlauf anzupassen oder zu transformieren. Im Nachgang ist es dann notwendig, Intuitionen durch Reflexionen zu prüfen, bei Bedarf zu vertiefen oder zu korrigieren und daraus für weitere Gespräche zu lernen. Für die an subjektive Momente gebundene Gesprächsführung ist ein intuitives Vorgehen weiterführend.

Intuition ersetzt jedoch nicht die für die Gesprächsführung in der Sozialen Arbeit unumgängliche *kommunikative Kompetenz*. Sie umfasst die Fähigkeit, sich in Gesprächssituationen einzufühlen und diese bewusst wahrzunehmen, Inhalte verbal und nonverbal zu präsentieren und dabei auf eine angemessene Strukturierung und Fokussierung je nach Handlungsanforderungen zu achten. Kommunikative Fertigkeiten erfordern unterschiedliche Schwerpunkte, beispielsweise in der Erziehung, der Beratung, der Informationsvermittlung, der Anleitung, der Alltagsbegleitung, der Verhandlung oder der Gestaltung von Gruppenprozessen (Heiner 2010, 66). Die vielfältigen Einsatzgebiete der Gesprächsführung in der Sozialen Arbeit überlagern sich regelmäßig. Nur eine breite methodische Orientierung, das Markenzeichen der Sozialen Arbeit, sichert die umfängliche Handlungsfähigkeit der Fachkräfte. Einflüsse, die eine *eigenständige* Übertragung der Gesprächsführungsansätze auf die verschiedenen Felder der Sozialen Arbeit notwendig machen, resultieren aus den folgenden zentralen Faktoren.

- *Dauer der Kooperation:* Sie reicht von eimaligen kurzen Gesprächen bis zu einem langfristigen Prozess gemeinsam verbrachter Zeit.
- *Lebenswelt- und Alltagsnähe:* Es macht einen Unterschied, ob Gespräche in der Heimerziehung mit einer umfassenden Beteiligung an alltäglichen Erfahrungen und Abläufen geführt werden oder in einer Beratung mit sehr begrenzten Einblicken in den Lebenskontext der Ratsuchenden.
- *Formalisierungsgrad der Institution:* Gespräche in einer Behörde richten an Fachkräfte andere Anforderungen als in der Straßensozialarbeit.

1 Grundlagen der themenbezogenen Gesprächsführung in der Sozialen Arbeit

- *Problemspektrum:* Die zu bearbeitenden Probleme haben unmittelbare Auswirkungen auf die Gesprächsführung, so dominieren in der Schuldenberatung über weite Strecken Informationen über Schuldnerschutz und Sanierungsoptionen, während in der Suchtberatung schwerpunktmäßig biographische Hintergründe aufgehellt werden (Heiner 2010, 78 f.).

Die Anwendung von Gesprächsführungsansätzen bedeutet für Fachkräfte der Sozialen Arbeit, stets den Rahmen zu betrachten und bei Bedarf nur auf einzelne Elemente zurückzugreifen. In der Straßensozialarbeit mit einem wohnungslosen Menschen, der noch nicht motiviert ist, sich auf eine vorübergehende Unterbringung einzulassen, kann es weiterführend sein, zunächst einen Kontakt herzustellen und auf eine vertiefende Beziehungsgestaltung zu verzichten (▶ Kap. 2).

1.2 Lernprozesse ermöglichen in der Gesprächsführung

Die Anwendung von Gesprächsführungsansätzen in der Sozialen Arbeit ist dem übergreifenden Ziel verpflichtet, Ratsuchende so weit wie irgend möglich zu befähigen, wieder ohne professionelle Hilfen im Alltag zurechtzukommen. Insoweit geht es darum, Lernprozesse zu ermöglichen und zu fördern. Lernen steht für relativ dauerhafte persönliche Veränderungen, die durch die eigenständige Verarbeitung von Wissen und den Aufbau von Fertigkeiten erreicht werden. In Anlehnung an Piaget geht es um die Aufnahme neuer Informationen und die Veränderung kognitiver Schemata, die dazu führen, die innere und äußere Umwelt anders als bisher wahrzunehmen. Lernhindernisse können in der Vernachlässigung von Bedürfnissen der Lernenden, ihrer Lerngeschichte, ihrem Leistungsniveau oder ihrem Lerntempo sowie der Qualität der Interaktion und den soziokulturellen Lebensbedingungen liegen (Huber 2018, 953 f.). Inhaltlich

1.2 Lernprozesse ermöglichen in der Gesprächsführung

steht die Erschließung eines handlungsbefähigenden Wissens im Mittelpunkt, sei es in Bezug auf Fragen der Erziehung, der allgemeinen Lebensführung oder den Umgang mit Krisen. Wissen in der Gesprächsführung kann aufgrund ganz unterschiedlicher Formen der Aneignung durch Adressat*innen nicht linear vermittelt werden. Insbesondere dann, wenn sich das Wissen im Alltag bewährt, hat es eine Chance, in einem Lernprozess angemessen durchzudringen (Nittel 2016, 22 f.). In der Sozialen Arbeit soll durch Wissensangebote eine kritische Selbstreflexion der Adressat*innen gefördert werden, in die situative, biographische, soziale, politische und kulturelle Bedingungen des Lebens einfließen (Thole 2020, 119). Wird beispielsweise eine alleinerziehende, auf Bürgergeld angewiesene Mutter mit Mietschulden und weiteren Problemen unterstützt, reicht es nicht aus, nur Wissen über die Wohnungssicherung zu vermitteln. In professionellen Gesprächen werden ggf. auch ihre Lebensumstände in den genannten Themenbereichen berücksichtigt, um ein Gefühl des individuellen Scheiterns angesichts strukturell benachteiligender Bedingungen zu vermeiden oder zumindest abzubauen.

Unabhängig davon, ob Wissen in einer beziehungs-, einer motivations-, einer netzwerk- oder einer krisenorientierten Gesprächsführung zugänglich gemacht wird, sind *übergreifende didaktische Aspekte* zu beachten. Hierzu zählt, Wissen strukturiert aufzubereiten, um eine individuelle Verarbeitung durch die Adressat*innen mit ihren ganz unterschiedlichen Ausgangslagen zu ermöglichen. Bei der Wissensverarbeitung handelt es sich um einen eigenständigen Vorgang, der von außen angeregt, aber nicht linear gesteuert werden kann (Terhart 2019, 138 f.). Daraus sollte allerdings nicht gefolgert werden, dass der Lernprozess der Adressat*innen gänzlich außerhalb der Reichweite von Fachkräften liegt. Der Prozess der Aneignung neuen oder korrigierenden Wissens wird durch didaktische Vorgehensweisen unterstützt, mit denen systematisch an Vorkenntnisse und Interessen der Adressat*innen angeknüpft wird (Giesecke 2015, 15). Ergänzend wird die Verarbeitung von Wissen durch eine verständliche Aufbereitung von Inhalten unterstützt. Zielgerichtet eingebrachtes Wissen in der Gesprächsführung soll sich auf den unmittelbaren Bedarf der Adressat*innen beziehen, die vor Entscheidungs- und/oder Handlungsproblemen stehen (ebd., 82 f.). Für die Auswahl einzelner Wissensbestände sind die folgenden Fragen bedeutsam:

1 Grundlagen der themenbezogenen Gesprächsführung in der Sozialen Arbeit

- Welche Informationen benötigen Adressat*innen in ihrer aktuellen Problemlage?
- Wie sollen die Informationen angemessen vermittelt werden?
- Welche emotionalen Reaktionen können auftreten?
- Gelingt es den Adressat*innen, die Informationen in ihrem Alltag umzusetzen (Pallasch & Kölln 2020, 146)?

Wie wichtig es ist, mit Informationen sensibel umzugehen, wird an folgendem Fallbeispiel deutlich.

Fallbeispiel

In einem Beratungsgespräch mit einem an Krebs erkrankten Patienten informiert die Sozialarbeiterin über in Frage kommende Sozialleistungen und Nachteilsausgleiche, die an einen Grad der Behinderung gekoppelt sind. Der Patient reagiert sehr betroffen über die Information, dass er einen Schwerbehindertenstatus aufgrund seiner Erkrankung in Anspruch nehmen kann. Für ihn ist das völlig neu und mit seinem Selbstbild nicht vereinbar. Die Information wäre vielleicht besser aufgenommen worden, wenn das Thema behutsam mit dem Hinweis eingeführt worden wäre, dass es hier um einen temporären Status geht, der in der Phase der sogenannten Heilungsbewährung ermöglicht wird, um betroffenen Menschen in ihrer schwierigen Lage beispielsweise einen besseren Kündigungsschutz zu garantieren.

Die geeignete Auswahl von Informationen begünstigt Lernprozesse in der Gesprächsführung besonders dann, wenn auf eine angemessene sprachliche Darstellung zurückgegriffen wird. Zu bevorzugen ist eine nachvollziehbare und strukturierte Aufbereitung, gepaart mit einer Präsentation in einem geläufigen und auf Anhieb verstehbaren und anregenden Vokabular, mit dem das Interesse der Adressat*innen zusätzlich geweckt wird (Langer, Schulz von Thun & Tausch 2019, 22 f.).

1.3 Sozialarbeitstheoretische Impulse

Die allgemeinen und die lernorientierten Hinweise über die Anwendung einzelner Gesprächsführungsansätze unterstreichen die Bedeutung der Fachkraft mit ihren situativen Entscheidungen in einem interaktiven Prozess. Sozialarbeitstheoretischen Einsichten können ergänzende Impulse entnommen werden, die darauf zielen, Ratsuchende mit ihren eigensinnigen Verhaltensweisen und Reaktionen angemessen zu würdigen. Für die Gesprächsführung in der Sozialen Arbeit ist eine Dienstleistungsorientierung handlungsleitend. Die Leistung der Gesprächsführung, sei es die Erarbeitung einer Einsicht, der Aufbau von Erziehungskompetenzen oder die Überwindung einer Überschuldung, entsteht in einem gemeinsamen Vorgehen von Ratsuchenden und Fachkräften. Um Ratsuchende mit unterschiedlichen Angeboten zu erreichen, sind flexible, auf besondere Belange zugeschnittene partizipatorische Vorgehensweisen ertragreich (Oechler 2018, 265 f.). Wird etwa das Bedürfnis danach, vorübergehend in Ruhe gelassen zu werden, von einer Fachkraft ignoriert, verpuffen deren durchaus redlichen Bemühungen um eine beziehungs- oder motivationsorientierte Gesprächsführung. In der Relationalen Sozialen Arbeit wird an dieser Stelle die Grenze der Instruktionsmacht betont. Adressat*innen entscheiden danach in Eigenregie, wie sie mit Inhalten umgehen und welche Konsequenzen sie daraus für ihr Leben ziehen (Kraus 2019, 69). Eine gelungene Gesprächsführung hat größere Chancen, wenn die Erlebnisweisen und Deutungsmuster der Zielgruppen beachtet werden (Bitzan & Bolay 2017, 45 f.).

Fachkräfte sollten sich ihrer *Macht in der Gesprächsführung* bewusst sein, die u. a. aus ihrem Wissen, ihrer Gestaltungs- und Thematisierungshoheit, ihrer Sprache, ihren Interpretationsmöglichkeiten und ihrem institutionellen Hintergrund resultiert (Engel & Nestmann 2020, 32). In dienstleistungsorientierten Gesprächen wird auf Macht verzichtet. Dies ist einfacher, wenn Ratsuchende mit ihren Erfahrungen, Wissen und Deutungs- und Erklärungsansätzen als ebenbürtige Gesprächspartner*innen angesehen werden. Überlegungen zur epistemischen Ungerechtigkeit, die Miranda Fricker vorgelegt hat (Fricker 2023), sensibilisieren dafür, die Sichtweisen Ratsuchender ausdrücklich einzubeziehen. Daran anknüpfend sollte das Unrecht einer Zeugnisungerechtigkeit im Sinne der Zuschreibung eines Glaubwürdigkeitsdefizits vermieden werden, die mit Vorurteilen beispielsweise über Armut oder eine psychische Erkrankung zusammenhängt. Fachkräfte unterliegen in diesem Prozess nicht nur ihren eigenen Einstellungen und Vorurteilen, sondern auch gesellschaftlichen Bildern über ihre Zielgruppen, die Auswirkungen auf die Einschätzung von deren Glaubwürdigkeit entfalten (ebd., 27f.). In der Praxis der Gesprächsführung kommt es beispielsweise darauf an, die Äußerungen eines psychisch beeinträchtigten Menschen nicht als Ausdruck seiner Krankheit abzutun, sondern den Realitätsgehalt zu entdecken und darauf einzugehen. Sich bedroht zu fühlen ist nicht gleich Ausdruck einer paranoiden Verkennung der Wirklichkeit, sondern kann aus der Wahrnehmung gegenwärtiger politischer und gesellschaftlicher Entwicklungen folgen, auch wenn es auf Umwegen formuliert wird.

Das Plädoyer für einen anerkennenden Umgang mit den Sichtweisen und Äußerungen der Adressat*innen, mit dem das Risiko eines Machtmissbrauchs und einer epistemischen Ungerechtigkeit in der Gesprächsführung verringert werden soll, erfordert die Achtung der Autonomie und Eigenmacht der Subjekte (Empowerment) durch eine solidarische Haltung der Fachkräfte, die sich in der Art der Gesprächsführung zeigt (Herriger 2020, 20f.). Eine an den Potenzialen der Adressat*innen ausgerichtete Gesprächsführung wird durch den Rückgriff auf das Menschenbild des Empowerment-Ansatzes begünstigt, das insbesondere die folgenden Haltungen und Bereitschaften der Fachkräfte erfordert.

Menschenbild des Empowerment

- Vertrauen in die Fähigkeiten jedes*jeder einzelnen zur Selbstgestaltung und zur gelingenden Lebensgestaltung: Menschen haben per se die Fähigkeit zur Selbstaktualisierung. Dafür müssen Räume geöffnet werden, sowohl in der Gesprächsführung als auch in ihrem Umfeld.
- Akzeptanz von Eigensinn und Respekt vor unkonventionellen Lebensentwürfen: Adressat*innen werden voraussetzungslos mit ihren Entwürfen ohne eine Attitüde des Besser- oder Bescheid-Wissens akzeptiert.

1.3 Sozialarbeitstheoretische Impulse

- Respekt vor eigenen Wegen und individuellen Zeiten, die gebraucht werden, ist ebenso geboten wie der Verzicht auf strukturierte, einengende Hilfepläne. Professionelle Ansprüche und Selbstentwürfe der Adressat*innen sind in eine Balance zu bringen.
- Verzicht auf entmündigende Expert*innenurteile über Probleme der Ratsuchenden, stattdessen geht es um die dialogische Aushandlung von Sichtweisen.
- Ausrichtung an der Zukunft der Adressat*innen, der Blick geht weniger zurück in die Vergangenheit des Scheiterns.
- Ausrichtung an den Rechten der Adressat*innen auf Selbstbestimmung, beginnend bei den Grundrechten bis hin zu konkreten Leistungsrechten im verzweigten Sozialgesetzbuch (Herriger 2020, 77 f.).

Ein die Belange der Ratsuchenden würdigendes Vorgehen in der Gesprächsführung kommt in der lebenswelttheoretisch begründeten *strukturierten Offenheit* kongenial zum Ausdruck. Mit dem strukturierten Handeln sind planmäßige und methodisch ausgewiesene Schritte gemeint, wie sie in vielen Gesprächsführungsansätzen differenziert beschrieben werden. Offenheit als ergänzendes Element lädt hingegen dazu ein, methodische Regeln begründet zu verlassen, um Besonderheiten des Einzelfalls, der aktuellen Lebensumstände der Adressat*innen und unvorhergesehenen Entwicklungen verhandlungsorientiert Rechnung zu tragen (Thiersch 2020, 160 f.).

Fallbeispiel

Kommt ein chronisch psychisch beeinträchtigter Mensch im Rahmen einer Auflage eher widerwillig zur Beratung in den sozialpsychiatrischen Dienst und möchte mit der Sozialarbeiterin, die sich auf ein Krisengespräch vorbereitet hat, nicht sprechen, ist es nicht sinnvoll, an einer vorbereiteten Gesprächsführungsstrategie festzuhalten. Die Sozialarbeiterin sollte sich die Offenheit oder Freiheit nehmen, dem Ratsuchenden für sein Kommen zu danken und mit ihm verabreden, dass sie die Zeit auch schweigend verbringen können. Wie es in den kommenden Sitzungen weitergeht, bleibt dann offen.

1 Grundlagen der themenbezogenen Gesprächsführung in der Sozialen Arbeit

Ratsuchende, die Unterstützung bei Sozialarbeiter*innen suchen, erleben günstigenfalls, unabhängig von den einzelnen Gesprächsführungsansätzen, dass ihnen zugehört wird, dass sie ihre Anliegen einbringen können und dass sie eine Resonanz erfahren. Die Möglichkeit, sich mitteilen zu können, kann aus der Sicht der Theorie der Lebensbewältigung nicht hoch genug eingeschätzt werden. Finden belastete Menschen keine Möglichkeiten, ihre Sorgen und Nöte in Interaktionen zu thematisieren, drohen Abspaltungen und Verhaltensauffälligkeiten, die sich gegen die eigene Person und/oder gegen andere Personen richten. Äußere Abspaltungen reichen von Verweigerungshaltungen bis zu Gewalttätigkeiten, innere Abspaltungen stehen für selbstdestruktives Verhalten. Eine weitere Form der Abspaltung wird in einer Delegation gesehen. Gemeint ist damit beispielsweise die Suche nach Anschluss an Gruppen mit einer rechtsradikalen Weltanschauung, deren Mitglieder sich durch die Herabsetzung anderer selbst erhöhen (Böhnisch 2023, 20 f.). Ratsuchende erfahren Entlastung und Unterstützung, wenn sie durch die Gesprächsführung Gelegenheit bekommen, ihre Themen zu besprechen. Gelingen kann dies vor allem, wenn Fachkräfte durch das Setting, ihr Auftreten, die eingeräumte Zeit und die Gesprächsführung dazu einladen, über die Themen zu sprechen, die sie tatsächlich interessieren und umtreiben. In der Schuldenberatung zeigt sich eine Ratsuchende beispielsweise überrascht und dankbar, dass sie in der Beratung nicht nur über Geld und Schulden reden könne, sondern auch über andere Themen wie Ängste vor der Zukunft oder Einsamkeit.

Auf den Punkt gebracht

Für die Anwendung einzelner Gesprächsführungsansätze in der Sozialen Arbeit sind Wissen über die jeweilige Gesprächsführung, Können in der methodischen Umsetzung und eine authentische Haltung grundlegend. Gesprächsführungsansätze erfüllen unterschiedliche Funktionen. Sie werden daraufhin in konkreten Handlungssituationen von Fachkräften ausgesucht. Die Ergebnisse der Gesprächsführung basieren wesentlich auf der Bereitschaft der Adressat*innen zur Mitwirkung und zur eigenständigen Anwendung der Gesprächsführungsinhalte in ihrem

1.3 Sozialarbeitstheoretische Impulse

Alltag. Die selbsttätige Umsetzung der Gesprächsführungsinhalte steht für einen Lernprozess. Die dafür unumgängliche Beteiligung der Adressat*innen setzt eine strukturierte Offenheit voraus, die Fachkräfte dazu ermuntert, bei Bedarf von den eigenen methodischen und inhaltlichen Vorstellungen situativ abzurücken. Adressat*innen zu ermöglichen, über ihre sie bewegenden Themen zu sprechen, bringt ihnen Entlastung und trägt wesentlich dazu bei, dass auf fremd- und/oder selbstschädigendes Verhalten verzichtet werden kann.

Reflexionsfragen

- In welchem Verhältnis stehen nach Ihren Beobachtungen und Erfahrungen Wissen, Können und Haltung in der Gesprächsführung?
- Wie gehen Sie mit Adressat*innen um, die auf vermittelte Inhalte in der Gesprächsführung mit heftigen Emotionen reagieren?
- Was hilft Ihnen, in der Gesprächsführung auf die Anwendung von Macht zu verzichten, auch wenn Sie davon überzeugt sind, dass Ratsuchende sich auf ihre Ideen und Vorschläge in der Gesprächsführung einlassen sollten?

Weiterführende Literatur

Hochuli Freund, Ursula & Stotz, Walter (2021): Kooperative Prozessgestaltung in der Sozialen Arbeit (5., erw. u. überarb. Aufl.). Stuttgart: Kohlhammer.
von Spiegel, Hiltrud (2021): Methodisches Handeln in der Sozialen Arbeit. München: Reinhardt.
Wendt, Peter-Ulrich (2021): Lehrbuch Methoden der Sozialen Arbeit. Weinheim, Basel: Beltz Juventa.

2 Beziehungsorientierte Gesprächsführung

☞ Überblick

Im zweiten Kapitel stehen Aspekte der beziehungsorientierten Gesprächsführung im Mittelpunkt. Ausgehend von der Annahme, dass jeder Unterstützungsprozess in der Sozialen Arbeit auf einer tragfähigen Beziehung basiert, werden zunächst die Charakteristika einer professionellen Beziehung umrissen, die unvermeidliche Überschneidungen mit privaten Beziehungen aufweisen. Die Zusammenarbeit mit Fachkräften setzt voraus, dass Ratsuchende ihnen vertrauen und sich sicher fühlen. Fachkräfte repräsentieren das generalisierte Vertrauen in das soziale System. Dieses Vertrauen ist zu unterscheiden vom spezifischen Vertrauen in die Profession und dies wiederum vom persönlichen Vertrauen in die handelnde Person. Erleben Ratsuchende, dass sich Fachkräfte in einem transparenten Prozess für sie einsetzen, sind sie eher bereit, ihnen Vertrauen entgegenzubringen. Für die professionelle Beziehung kommt es auf der Ebene der Interaktion darauf an, eine durch aktives Zuhören, Paraphrasen und Verbalisierungen gekennzeichnete personenbezogene Gesprächsführung zu praktizieren, deren Fundament in einer kongruenten, akzeptierenden und empathischen Haltung gegenüber den Ratsuchenden liegt. In der Beziehungsarbeit kann es bei Ratsuchenden immer wieder zu Missverständnissen kommen, besonders dann, wenn sie die zugewandte Haltung der Fachkräfte als ein Freundschaftsangebot oder mehr auffassen. An dieser Stelle kommt es darauf an, eine Balance von Nähe und Distanz herzustellen.

Eine professionelle Beziehung ist das Fundament methodischen Handelns in der Sozialen Arbeit. Sie ist eine eigenständige Quelle der Unterstützung und bereitet zugleich den Boden für die Kooperation. Begegnungen mit Adressat*innen erstrecken sich von niedrigschwelligen Kontakten, etwa in der Straßensozialarbeit, über zeitlich befristete und thematisch orientierte Varianten der Zusammenarbeit, beispielsweise in der Schuldenberatung, bis zu lebensweltnahen und intensiven Arrangements wie in der Sozialpädagogischen Familienhilfe oder in stationären Settings. Die folgenden Hinweise zur Beziehungsgestaltung in der Gesprächsführung sind arbeitsfeldübergreifend angelegt und können auch in Auszügen eingesetzt werden.

Immer ist darauf zu achten, das Zusammentreffen mit Adressat*innen methodisch nicht zu überfrachten, ansonsten bleibt die persönliche Begegnung auf der Strecke, die für die Beziehungspraxis unverzichtbar ist. Wer in der Sozialen Arbeit mit Zielgruppen kocht oder spielt, wer Freizeitaktivitäten unternimmt, wird sich primär als ›natürliche Person‹ und nicht methodisch einbringen. Auf der anderen Seite reicht es nicht, die Beziehung zu Adressat*innen wie im privaten Raum einzugehen. Fachkräfte lösen damit zuweilen Irritationen aus, insbesondere wenn Adressat*innen in der Zuwendung ein Freundschaftsangebot sehen oder wenn sie sich durch ungefilterte Verhaltensweisen bedrängt fühlen. In der Beziehungsgestaltung ist immer eine Gratwanderung zwischen persönlicher Begegnung und methodischer Ausrichtung zu bewältigen.

In den folgenden Ausführungen werden zunächst die Besonderheiten einer professionellen Beziehung herausgestellt (▶ Kap. 2.1), ehe es um Fragen der Gestaltung geht. Hierbei spielen der Aufbau von Vertrauen (▶ Kap. 2.2), eine personenorientierte Haltung und Gesprächsführung (▶ Kap. 2.3) sowie das Austarieren von Nähe und Distanz einschließlich damit verbundener Konflikte (▶ Kap. 2.4) eine wesentliche Rolle. Die haltungs- und gesprächsorientierten Hinweise werden immer wieder auf das folgende Fallbeispiel bezogen.

Fallbeispiel

In einem Gespräch, das Julia G. im Eltern-Kind-Zentrum mit der Sozialarbeiterin Felicitas S. führt, entsteht das folgende Bild:

Julia G. (33 Jahre) ist alleinerziehende Mutter von drei Kindern (Emil, 2 Jahre; Laura, 4 Jahre; Hanne, 8 Jahre). Julia G. hat das erste Staatsexamen für das Lehramt an Gymnasien abgeschlossen (Fächer: Deutsch und Sport), das Referendariat und damit das zweite Staatsexamen konnte sie aufgrund ihrer familiären Situation bislang nicht absolvieren. Vor ca. zwei Jahren hat sich der Partner Philipp K. von Julia G. getrennt, beide waren nicht verheiratet. Philipp K. ist der Vater der drei Kinder, er bezieht aktuell Bürgergeld und kann deshalb keinen Unterhalt für die Kinder leisten. Nach der Trennung ist der Kontakt auf ein Minimum reduziert, Philipp K. kümmert sich nicht um die Kinder, er hat, wie Julia G. erzählt, psychische Probleme.

Julia G. arbeitet auf Teilzeitbasis an einer Schule, wegen des fehlenden zweiten Staatsexamens allerdings nicht als Lehrerin, sondern in der Hausaufgabenbetreuung und teilweise auch unterrichtend. Ihr Einkommen einschließlich Sozialleistungen reicht allerdings nicht für den Lebensunterhalt, die Familie bezieht aufstockende Leistungen nach dem SGB II.

Im Gespräch mit der Sozialarbeiterin des Eltern-Kind-Zentrums berichtet Julia G., dass ihr der Alltag »über den Kopf« wächst. Sie schläft immer schlechter, kann nicht mehr abschalten und ist, wie sie weiter sagt, zunehmend sehr nervös, auch im Umgang mit den Kindern. Sie schafft es immer wieder gerade so über die Runden zu kommen, sowohl finanziell als auch mit ihren Kräften. Die Familie wohnt in einer Vier-Zimmer-Wohnung, die Warmmiete beträgt 1.350 Euro. In der Wohnung und im Wohnquartier fühlen sich die Kinder und Julia G. sehr wohl. Die Schule und die Kita sind fußläufig gut·zu erreichen, die Kinder haben in der Nachbarschaft Freundschaften geschlossen und auch Julia G. hat insbesondere zu zwei Müttern einen engeren Kontakt. Sie treffen sich immer wieder im Eltern-Kind-Zentrum und leider nur sehr selten, wenn es die knappe Zeit zulässt, auch mal privat.

Julia G. berichtet, dass sie in den vergangenen Monaten immer wieder nicht die volle Miete überweisen konnte. Mittlerweile beträgt der Mietrückstand 3.100 Euro. Nach mehreren Mahnungen hat der Vermieter die Wohnung fristlos gekündigt. Die Kündigung hat Julia G. gestern erhalten. Sie ist sehr verzweifelt und hat schlimmste Befürchtungen. Julia G. hat keine Rücklagen. Ihre Eltern Eva und Franz M., die sie schon lange finanziell und auch sonst sehr großzügig unterstützen, möchte sie nicht schon wieder in Anspruch nehmen. Auch mit ihrer älteren Schwester Lucie M., zu der sie ein gutes Verhältnis hat, möchte sie nicht darüber sprechen, ihr ist das alles sehr peinlich. Die Mietschulden sind entstanden, so Julia G., um den Kindern auch mal etwas zu ermöglichen und um dringend erforderliche Haushaltsgeräte anzuschaffen.

Über ihre Zukunftsaussichten äußert sich Julia G. pessimistisch. Sie würde gerne das zweite Staatsexamen nachholen, um endlich in ihrem Wunschberuf als Lehrerin arbeiten zu können, nicht mehr auf Bürgergeld angewiesen zu sein und ihren Kindern mehr bieten zu können. Julia G. sieht dafür in den kommenden Jahren keine Chance. Weder hat sie die Kraft dazu noch die Zeit für ein anspruchsvolles Referendariat. Julia G. wirkt sehr traurig. Sie hat sich schon von früheren Freundinnen zurückgezogen, schließlich muss sie ihre Kinder versorgen und hat ohnehin kein Geld für deren Freizeitaktivitäten. Mittlerweile melden sich die Freundinnen auch nur noch sporadisch.

2.1 Charakteristika einer professionellen Beziehung

Die professionelle Beziehung in der Sozialen Arbeit wird durch vielfältige Faktoren beeinflusst wie zu bearbeitende Themen, gesetzliche, organisatorische und institutionelle Rahmenbedingungen, unterschiedliche zeitliche und persönliche Intensitäten oder Grade der Freiwilligkeit, die ein differenziertes Gesprächsführungsrepertoire erfordern (Hochuli Freund & Stotz 2021, 116f.). Die Herausforderung besteht darin, Beziehungsanregungen so zu entwickeln, dass sie von Fachkräften in unterschiedlichen Arbeitsfeldern eigenständig mit den nötigen Anpassungen in Bezug auf die jeweiligen Rahmenbedingungen umgesetzt werden können. Neben den Rahmenbedingungen sowie den Beziehungskompetenzen der Fachkräfte

2 Beziehungsorientierte Gesprächsführung

einschließlich ihrer Selbstreflexion sind die Bereitschaft und die Fähigkeit der Ratsuchenden ausschlaggebend, sich auf eine Beziehung einzulassen. Ein geeigneter Rahmen und methodisches Können der Fachkräfte mag es Adressat*innen erleichtern, Beziehungsangebote anzunehmen, ein Allheilmittel liegt damit aber nicht vor. Ratsuchende lassen sich eher auf eine Beziehung ein, wenn sie Fachkräften vertrauen, wenn sie sich verstanden und respektiert fühlen mit ihren Sichtweisen und wenn es in der Zusammenarbeit vor allem darum geht, sie zu unterstützen (Gitterman, Knight & Germain 2021, 104).

Eine professionelle Beziehung unterscheidet sich trotz einiger Überschneidungen von persönlichen bzw. privaten engen und wechselseitigen sowie emotional geprägten Beziehungen. Kennzeichnend für eine professionelle Beziehung ist zunächst die Vereinbarung von Bedingungen wie die Frequenz der Begegnungen, die Rollen oder die Inhalte, die bearbeitet werden (Becker-Lenz & Müller-Herrmann 2013, 216). Die professionelle Beziehung ist mit ihrer Nähe zu privaten Beziehungen trotz aller Unterscheidungen widersprüchlich. Werden die privaten Komponenten einer professionellen oder Arbeitsbeziehung ausgeklammert, kann dies die Zusammenarbeit erschweren (Oevermann 2013, 123). Je transparenter die Grundlagen der professionellen Beziehung zu Beginn der Zusammenarbeit besprochen werden, desto größer ist die Chance, die Abgrenzung zu einer privaten Beziehung zu meistern.

Realistische Erwartungen an eine professionelle Beziehung auf Seiten der Adressat*innen und der Fachkräfte werden vor allem durch die folgenden *Kriterien* gefördert, die zwar auf eine pädagogische Beziehung bezogen sind, aber auch in anderen Zusammenhängen der Beziehungsgestaltung greifen.

Charakteristika einer professionellen Beziehung

Die Beziehung im professionellen Rahmen, für die Fachkräfte bezahlt werden, ist zweckgebunden, sie wird aufgenommen, um beispielsweise einen Lernprozess zu unterstützen, eine Schuldenberatung oder eine Erziehungsberatung durchzuführen. Fachkräfte bringen in die profes-

2.1 Charakteristika einer professionellen Beziehung

sionelle Beziehung ihre Kompetenzen der Gesprächsführung und ihr arbeitsfeldbezogenes Wissen ein.

Die Personen in der professionellen Beziehung können in der Regel nicht ausgesucht werden. Ausschlaggebend sind Zuständigkeiten und organisatorische Abläufe, die nicht beliebig veränderbar sind. Die Dauer der Beziehung ist üblicherweise begrenzt, sowohl hinsichtlich der einzelnen Termine als auch der Gesamtdauer.

Die professionelle Beziehung ist partnerschaftlich angelegt. Beteiligte arbeiten gemeinsam an verabredeten Zielen, die während der Zusammenarbeit immer wieder verändert werden können. Eine partnerschaftliche und gleichwertige Zusammenarbeit kommt in wechselseitigem Respekt, Höflichkeit, Wohlwollen, Achtung und Toleranz zum Ausdruck. Damit wird eine unterstützende Atmosphäre hergestellt.

In die professionelle Beziehung werden von Adressat*innen und Fachkräften gleichermaßen wertvolle Erfahrungen mit ihren Auswirkungen auf individuelle Einstellungen, Haltungen und Bedürfnisse eingebracht, die aus der jeweiligen Lebensgeschichte resultieren. Die Würdigung subjektiver Erfahrungen trägt dazu bei, Vertrauen zu erwerben.

Neben der partizipativen Ausrichtung, mit der Inhalte und Vorgehensweisen gemeinsam abgestimmt werden, übernehmen Fachkräfte in der professionellen Beziehung je nach Verlauf des Unterstützungsprozesses auch die Initiative, um Ziele zu entwickeln, Adressat*innen zu ermutigen und ihre Beiträge anzuerkennen (Giesecke 2015, 109 f.).

Entlang der aufgelisteten Kriterien ist es möglich, eine professionelle Beziehung vorbereitend, in der Durchführung und in der Nachbetrachtung zu reflektieren und eine angemessene Haltung zu entwickeln. Zugleich tragen die Punkte dazu bei, die Beziehungskommunikation mit Adressat*innen inhaltlich zu füllen.

Nach diesen analytischen Hinweisen wird im folgenden Abschnitt der Aufbau von Vertrauen erörtert, das für eine Zusammenarbeit mit Zielgruppen in schwierigen Lebenskonstellationen unverzichtbar ist.

2.2 Vertrauen in der professionellen Beziehung

Sozialtheoretischen Analysen von Vertrauen können wichtige Erkenntnisse für die Beziehungsgestaltung in der Gesprächsführung entnommen werden. In einer komplexen Welt sind Menschen darauf angewiesen, Systemen wie beispielsweise der Sozialbürokratie zu vertrauen, um Komplexität zu reduzieren. Je undurchsichtiger Abläufe in Systemen werden, desto mehr Vertrauen ist erforderlich. Vertrauen wird so zu einer »riskanten Vorleistung« (Luhmann 2000, 27), die auf eine ungewisse Zukunft bezogen ist und insoweit ein Wagnis darstellt. Insbesondere neue Situationen, die mit dem Verlust etablierter Routinen einhergehen, erzeugen Vertrauensprobleme, die wiederum mit der Frage einhergehen, ob Vertrauen auf der Grundlage konkreter Erfahrungen noch gerechtfertigt ist (ebd., 31 f.). Adressat*innen brauchen Vertrauen in die Fachkräfte, um sich ihnen möglichst unzensiert mit ihren Problemen anzuvertrauen. Dies ist immer ein Risiko, wissen sie doch vielfach nicht, welche Konsequenzen im Detail damit verbunden sind. Vertrauen wird aus Sicht der Ratsuchenden verspielt, wenn bei ihnen der Eindruck entsteht, dass ihre Anliegen in der Beziehung und in weiteren Formen der Unterstützung vernachlässigt werden oder gegen ihre Interessen gehandelt wird. Für den Vertrauensaufbau in der professionellen Beziehung ist es deshalb besonders wichtig, dass Fachkräfte durchgängig erkennbar machen, warum sie unter Würdigung der Bedürfnisse und Wünsche der Adressat*innen und ihres Umfeldes welche Schritte gehen oder auch unterlassen.

Vertrauen ist noch mehr als eine riskante Vorleistung, es steht für Zutrauen in die Zuverlässigkeit einer redlichen Person oder eines funktionierenden Systems bei geringem oder nicht vorhandenem eigenen Fachwissen (Giddens 1996, 49). Ein gesichtsabhängiges Vertrauen, das in sozialen Zusammenhängen entsteht, basiert auf der Vertrauenswürdigkeit und der überzeugenden Professionalität einzelner Personen. Ein gesichtsunabhängiges Vertrauen bezieht sich hingegen auf Expert*innensysteme und dem Glauben an deren Leistungsfähigkeit. Können Menschen kein Vertrauen zu anderen Personen oder Systemen aufbauen, verlieren sie ihre

2.2 Vertrauen in der professionellen Beziehung

ontologische Sicherheit mit weitreichenden Auswirkungen auf die Wahrnehmung ihrer Welt (ebd., 103 f.). Für den Aufbau von Vertrauen in der Beziehungsgestaltung kommt es darauf an, die eigene Expertise darzustellen und sich an die Seite der Adressat*innen zu stellen. Der Glaube oder die Zuversicht, dass eine Fachkraft in der Lage ist, bei unterschiedlichen Problemen wie Mietschulden oder der Überwindung einer krankheitsbedingten psychosozialen Krise hilfreich zu sein, sei es im persönlichen Beistand oder der Handhabung unterschiedlicher Expert*innensysteme, fördert unmittelbar die Bereitschaft zur Vertrauensgabe der Ratsuchenden in der professionellen Interaktion.

Mit Blick auf die Soziale Arbeit sind im Anschluss an die grundlegenden Ausführungen drei zentrale Formen des Vertrauens zu unterscheiden.

Formen des Vertrauens

Generalisiertes Vertrauen in ein System und dessen Funktionsfähigkeit wie beispielsweise das Sozial- oder Gesundheitswesen. Dieses Vertrauen ist auf der Makroebene angesiedelt, es resultiert aus eigenen oder den Erfahrungen anderer sowie dem öffentlichen Renommee und den Möglichkeiten zur Mitwirkung und damit zur Einflussnahme auf Abläufe und Entscheidungsprozesse.

Spezifisches Vertrauen in Professionelle oder Berufsgruppen mit ihrem Wissen und Können, die ein System repräsentieren wie Fachkräfte der Sozialen Arbeit oder des Gesundheitswesens. Diese Form des Vertrauens liegt auf der Mesoebene. Professionelle erhalten einen Vertrauensvorschuss, der vor allem dann erteilt wird, wenn ihre Arbeitsweisen bekannt sind, um angemessene Erwartungen entwickeln zu können.

Persönliches Vertrauen in einzelne Personen, zu denen ein unmittelbarer Kontakt oder eine aktuelle Beziehung besteht. Die Vertrauensgabe auf der Mikroebene ist freiwillig, sie entsteht häufig erst in der gemeinsamen Arbeit und basiert auf Erfahrungen in der Kooperation (Wagenblass 2018, 1805 f.).

Die drei Varianten des Vertrauens sind für die Beziehung in der Sozialen Arbeit relevant, sie liefern Hinweise, worauf beim Aufbau von Vertrauen zu achten ist. Das Systemvertrauen bildet den Vertrauenshintergrund in der Beziehungsgestaltung. Adressat*innen fällt es leichter, dem System Soziale Arbeit zu vertrauen, wenn sie an seine Funktionsfähigkeit glauben und Möglichkeiten der Mitwirkung und der Kontrolle etwa durch geregelte Beschwerdemöglichkeiten vorfinden. Auf der Handlungsebene ergibt sich für Fachkräfte daraus, für partizipative Strukturen einzutreten und Adressat*innen aktiv über Widerspruchs- und Beschwerdeoptionen zu informieren. Hinsichtlich des spezifischen Vertrauens ist die Reputation der Fachkräfte ausschlaggebend, die durch wirksame Interventionen gefördert wird. Evaluationen, die Adressat*innen und der Öffentlichkeit zugänglich gemacht werden, tragen zur Förderung des spezifischen Vertrauens bei. Persönliches Vertrauen wird in der unmittelbaren Interaktion durch ein transparentes, verbindliches und parteiliches Vorgehen der Fachkräfte erworben bzw. von Adressat*innen auf der Basis ihrer Erfahrungen verliehen oder entzogen (Rosenbauer 2020, 627). Durch die personenorientierte Gesprächsführung können die vertrauensbezogenen Anforderungen in einer professionellen Beziehung gefördert werden. Diese Besonderheiten werden nun dargelegt.

2.3 Personenorientierte Gesprächsführung in der Beziehungsgestaltung

Für den Aufbau einer professionellen Beziehung ist aus einer übergreifenden Perspektive ein einladendes Gesprächsklima unterstützend, das es Adressat*innen erleichtert, mit Fachkräften in Kontakt zu treten. Hierbei sind die folgenden Vorgehensweisen zu beachten.

2.3 Personenorientierte Gesprächsführung in der Beziehungsgestaltung

Vertrauensfördernde Gesprächsführung

- Das Gespräch sollte durch die Fokussierung auf überschaubare Themen strukturiert werden, vor allem dann, wenn es Adressat*innen schwer fällt, sich auf ein Thema festzulegen.
- Das Gespräch sollte evaluativ mit resümierenden Betrachtungen begleitet werden, um immer neu zu prüfen, ob die Richtung noch stimmt.
- Soweit erforderlich, sollte das Gesprächstempo verlangsamt werden, um Raum für neue Themen zu öffnen oder abgewogene Entscheidungen zu ermöglichen.
- Adressat*innen sollten ausdrücklich für ihre Beiträge zum Gespräch gewürdigt werden, dies bestärkt sie in ihrer Mitwirkungsbereitschaft.
- Schließlich kommt es darauf an, Zuversicht über einen günstigen Verlauf und die Handlungsmöglichkeiten der Adressat*innen in Bezug auf zu lösende Probleme zu vermitteln (Pantuček-Eisenbacher 2022, 116f.).

Bezogen auf das Fallbeispiel kann es besonders vertrauensstiftend sein, wenn die Sozialarbeiterin durch ihre Gesprächsführung und ihr Arbeitsfeldwissen zu erkennen gibt, dass sie mit den Problemen, die Julia G. in das Gespräch einbringt, fachlich umgehen kann. Eine besonders beruhigende Wirkung würde erreicht, wenn zunächst die Möglichkeiten der Wohnungssicherung strukturierend in den Mittelpunkt gerückt werden.

Der Anspruch an eine auf die Belange der Ratsuchenden ausgerichteten Vorgehensweise wird durch den Rückgriff auf Elemente der *Personenzentrierten Gesprächsführung* unterfüttert, wie sie Carl R. Rogers entwickelt hat. Die bei Rogers zentralen Variablen der *Kongruenz*, der *Empathie* und der *Akzeptanz* gelten heute als Grundlage für jede Form der Beziehungsgestaltung (Nussbeck 2021, 112). Die Anwendung personenzentrierter Formen der Gesprächsführung in der Sozialen Arbeit erfolgt allerdings nicht unter therapeutischen, sondern unter unterstützend-pädagogischen Vorzeichen auf der Grundlage des Menschenbildes der Humanistischen Pädagogik. Danach ist der Mensch ein lernendes, auf zwischenmenschliche Beziehungen angewiesenes Subjekt, das fähig ist zur Erlangung von Einsicht und Bewustheit über sich und seine Lebensumstände und die Übernahme von Eigenverantwortung (Pallasch & Kölln 2020, 21). Für die Gesprächsführung folgt daraus, Adressat*innen zu ermuntern, eigene Initiativen der Problemlösung zu entwickeln. Dieses Ziel wird durch die Umsetzung der Beziehungsvariablen Kongruenz, Akzeptanz und Empathie auf der Ebene der Gesprächsführung angestrebt.

Kongruenz oder Authentizität

Gemeint ist damit, dass Fachkräfte nicht fassadenhaft, sondern echt und aufrichtig mit Adressat*innen umgehen und sprechen. Empfindungen und Mitteilungen stimmen überein. Dies bedeutet nicht, dass alles gesagt werden muss, was man empfindet, nur das, was gesagt wird, soll den Empfindungen auch entsprechen (Schubert, Rohr & Zwicker-Pelzer 2019, 83). Hierbei ist zu überlegen, welches Ausmaß an Authentizität Adressat*innen in der Entfaltung ihrer Potenziale unterstützt. Im Rahmen der Sozialen Arbeit bietet sich eine pädagogische Authentizität besonders an, die auf die Bedürfnisse des Gegenübers mit seinen besonderen Interessen und aktuellen Verarbeitungsmöglichkeiten abgestimmt wird (Thiersch 2013, 251 f.). Benötigen Adressat*innen in einer bestimmten Gesprächsphase insbesondere Beistand, sollten in der kongruenten Reaktion entsprechende Signale wie Präsenz oder eine persönliche Würdigung ihrer Bedürfnisse gezeigt werden. Suchen Ratsuchende hingegen in der Beziehung eine kritische Auseinandersetzung mit ihren Verhaltensweisen, kann in der kongruenten Reaktion eine Rückmeldung erfolgen, die erkennbar macht, was sie bei Fachkräften mit bestimmten Schilderungen und Verhaltensweisen auslösen.

Fallbeispiel

Im Fall von Julia G. ist es vorteilhaft, Unterstützung bei der Bewältigung ihrer vordringlichen Probleme anzubieten und nicht auf ihre zweifellos vorhandenen eigenen Möglichkeiten zu verweisen. Entscheidet sich die Sozialarbeiterin für diesen Weg, der mit Zustimmung von Frau G. auch stellvertretende Handlungen wie die Kontaktaufnahme zu Behörden oder dem Vermieter umfasst, sollte sie dies aus fachlicher Überzeugung und nicht widerstrebend tun. Eine solche Haltung erleichtert es Julia G., das Unterstützungsangebot anzunehmen.

Kongruenz hängt eng mit Resonanz zusammen, auf die Menschen für ihre soziale und psychische Entwicklung angewiesen sind. Resonanz umfasst nach Rosa (2022, 42 f.) die folgenden Merkmale.

Resonanz

- *Berührung oder Affizierung:* Ein Mensch wird von anderen erreicht, berührt oder bewegt, der Andere erlangt dadurch eine Bedeutung.
- *Selbstwirksamkeit oder Antwort:* Die erreichte Bedeutung löst beim Anderen einen Impuls wie einen interessierten Blick oder Zuwendung aus, wodurch das Gefühl der Selbstwirksamkeit und der Verbundenheit gefördert wird.
- *Anverwandlung oder Transformation:* In einer resonanten Beziehung erlebt man eine Veränderung seiner Stimmung oder Verfassung, es kommt zu einem lebendigen Austausch.
- *Moment der Unverfügbarkeit:* Resonanz lässt sich nicht einfach herstellen, sie ist keine Methode, die Qualität der Beziehung kann nicht vorausgeplant werden. Eine nicht planbare Resonanz kann zunächst ausbleiben und sich zu einem späteren Zeitpunkt einstellen.

Mit den Merkmalen der Resonanz kann die kongruente Reaktion auf Adressat*innen genauer unterschieden und damit der Reflexion sowie der Gestaltung zugänglich gemacht werden, auch wenn der Verlauf einer Beziehung immer ergebnisoffen bleibt.

Akzeptanz

Akzeptanz oder auch unbedingte Wertschätzung steht für einen nicht wertenden Umgang mit Adressat*innen, der von Achtung, Respekt und einem sorgenden Umgang gekennzeichnet ist. Die bedingungslose Annahme bezieht sich auf den inneren Bezugsrahmen einer Person, sie umfasst nicht in jedem Fall das aktuelle Verhalten. Zugleich gilt, dass die Wertschätzung der Person nicht an Vorleistungen gebunden ist (Schubert, Rohr & Zwicker-Pelzer 2019, 85). Wer Akzeptanz in diesem Sinne erfährt, öffnet sich leichter im Gespräch auch mit Themen, die unangenehm sind, insoweit werden die Fallerfassung und insgesamt ein ehrlicher Umgang miteinander gefördert. Akzeptanz fällt Fachkräften dann besonders schwer, wenn Adressat*innen eine rassistische, sexistische oder gewaltaffine Haltung offenbaren, die nicht hingenommen werden kann. An dieser Stelle kommt die Frage der Toleranz ins Spiel. Toleranz ist dann gefordert, wenn Denk- und Verhaltensweisen auf Ablehnung stoßen. In diesem Fall wägt die Fachkraft ab, ob Gründe für eine akzeptierende Haltung jene für eine Ablehnung überwiegen, was eine hinnehmende Reaktion zur Folge hat, oder ob Gründe für eine Ablehnung jene der Hinnahme dominieren, so dass es zu einer begründeten Zurückweisung kommt (Forst 2021, 122). Die Abwägungen tragen dazu bei, trotz der Orientierung an Toleranz Wertmaßstäbe nicht aus dem Blick zu verlieren und die Grenzen der Toleranz abzustecken. Dieser analytische Schritt führt zu einer »qualifizierten Toleranz« (Stoecker 2023, 298).

Fallbeispiel

Betrachtet man erneut das Fallbeispiel, so wäre es kontraproduktiv, Julia G. Vorhaltungen wegen der Mietschulden zu machen, die ihre Familie existenziell gefährden. Julia G. mit ihren Bemühungen als alleinerziehende Mutter von drei Kindern, die zudem noch erwerbstätig ist, aufrichtig und akzeptierend zu würdigen, wirkt sich auf den Beziehungsaufbau in einer für sie besonders vulnerablen Zeit sicherlich günstig aus.

Empathie

Das einfühlende Verstehen ist darum bemüht, die Welt, oder bescheidender, den Alltag der Adressat*innen mit ihren Augen zu betrachten, ihren inneren Bezugsrahmen hinsichtlich ihrer Gefühle, Gedanken, Wahrnehmungen oder Bewertungen nachzuvollziehen und damit die

2.3 Personenorientierte Gesprächsführung in der Beziehungsgestaltung

Grundlage für ein gemeinsames Verständnis zu legen (Schubert, Rohr & Zwicker-Pelzer 2019, 83). Empathie, ob vorbereitend auf eine Begegnung oder im unmittelbaren Gespräch, trägt zu einem akzeptierenden Umgang bei. Die Umsetzung der Empathie wird durch ein Vorgehen unterstützt, das mit einer Identifikation mit den Gefühlen und Gedanken der Adressat*innen beginnt. Im zweiten Schritt bemüht sich die Fachkraft durch eine vertiefende Einfühlung so zu fühlen, als wären es die eigenen Erfahrungen, die Adressat*innen ausdrücken. Daran anschließend lassen Fachkräfte ihre Wahrnehmungen nachhallen und aktivieren analoge eigene Erfahrungen, die es zusätzlich erleichtern, einen nachvollziehenden Umgang zu realisieren. Schließlich geht es im weiteren Verlauf um eine Ablösung von den aufgenommenen Inhalten und aktivierten eigenen Erfahrungen, um die Wahrnehmungen aus der Distanz analysieren zu können (Gitterman, Knight & Germain 2021, 177 f.).

Fallbeispiel

Auf das Fallbeispiel zurückkommend wird ein empathisches Vorgehen dadurch erkennbar, dass sich die Sozialarbeiterin bemüht, Julia G.s Blick auf ihren anstrengenden Alltag einzunehmen und sich vorzustellen, wie sie selbst wohl in einer vergleichbaren Lage zurechtkäme. Ihre Überlegungen sollte sie zum Ausdruck bringen, gepaart mit einer Anerkennung der alltäglichen Leistungen. So könnte sie beispielsweise äußern, dass sie sich ausmalen könne, was Julia G. alles auf die Beine stellt und dass es ihr vergleichbar schwer fallen würde, allen Anforderungen zu jeder Zeit gerecht zu werden. Auch sie, die Sozialarbeiterin, würde für ihre Kinder immer das Beste wollen, selbst dann, wenn es die aktuellen finanziellen Möglichkeiten nicht zuließen.

Die zentralen Beziehungsvariablen finden ihre Fortsetzung in einer beziehungsorientierten Gesprächsführung, in der das aktive Zuhören in Verbindung mit der Paraphrase und der Verbalisierung emotionaler Inhalte sowie der Vermeidung einschlägiger Gesprächsstörer bedeutsam sind.

Beim *aktiven Zuhören* wird sowohl auf die Inhalte als auch die Art, wie diese verbal und nonverbal ausgedrückt werden, geachtet. Fachkräfte stellen sich die Frage, welche Inhalte, Wünsche, Bedürfnisse oder Erfahrungen mitgeteilt werden, was Adressat*innen dabei umtreibt, was ihnen besonders wichtig ist und wie es ihnen geht (Weisbacher & Sonne-Neubacher 2023, 46 f.).

Die wahrgenommenen Inhalte werden im Gesprächsverlauf paraphrasiert, damit wird Gesprächspartner*innen zurückgemeldet, was verstanden wurde. In der Paraphrase greifen Fachkräfte auf eigene Formulierungen zurück, mit denen sie Äußerungen der Adressat*innen zusammenfassend, teilweise auch fokussierend mit einer Schwerpunktsetzung aufgreifen. Damit wird die Gelegenheit eröffnet, dass Fachkräfte in ihrer Wahrnehmung durch Ratsuchende korrigiert werden, aufgegriffene Inhalte können auch konkretisiert und vertiefend weitergeführt werden. Das Ziel besteht darin, Gesprächsinhalte möglichst zutreffend zu verstehen.

Überdies, aber eher seltener, werden Verbalisierungen angeboten, die dazu dienen, wahrgenommene mitschwingende Gefühle sowohl auf der sprachlichen als auch der non- und paraverbalen Ebene zu spiegeln, um eine Auseinandersetzung im Gespräch darüber zu fördern (Plate 2021, 53). Wie die Paraphrase wird auch die Verbalisierung hypothetisch formuliert, auf diese Weise werden Adressat*innen leichter ermuntert, zustimmend, ablehnend oder korrigierend und ergänzend Stellung zu nehmen.

Fallbeispiel

Im Gespräch gewinnt die Sozialarbeiterin den Eindruck, dass Julia G. sehr traurig über die aktuelle Entwicklung ist, sie macht es an der Art, wie sie spricht und an ihrer Körperhaltung fest. Als das Gespräch stockt, äußert die Sozialarbeiterin, dass Julia G. auf sie traurig wirke, und fragt nach, ob sie damit richtig liege. Julia G. reagiert erleichtert auf diese Reaktion, sie stimmt der Wahrnehmung zu und sagt, dass sie immer weniger Kraft habe, um das alles noch zu schaffen.

Im aktiven Zuhören und der Bemühung, das Gehörte paraphrasierend und verbalisierend aufzunehmen, wird die kongruente, akzeptierende und

2.3 Personenorientierte Gesprächsführung in der Beziehungsgestaltung

empathische Haltung der Fachkräfte für Adressat*innen erkennbar und die Beziehung vertieft.

Für das aktive oder auch empathische Zuhören ist es grundlegend, Kommunikationssperren bzw. Gesprächsstörer zu vermeiden.

Kommunikationssperren bzw. Gesprächsstörer

1. befehlen, anordnen, bestimmen
2. drohen, warnen
3. moralisieren, predigen
4. Ratschläge erteilen, Lösungen vorgeben
5. Vorträge halten, belehren, Fakten liefern
6. Urteile fällen, Vorwürfe machen, kritisieren
7. loben, schmeicheln
8. beschimpfen, lächerlich machen
9. interpretieren, diagnostizieren, analysieren
10. trösten, Sympathie bekunden
11. ausforschen, fragen, verhören
12. zurückziehen, sarkastisch reagieren, ausweichen (Gordon 2013, 60 f.).

Die Gesprächsstörer 1 bis 5 vermitteln Adressat*innen den Eindruck, sie seien selbst nicht in der Lage, Probleme zu bewältigen. In den Punkten 6 bis 11 wird Ratsuchenden mitgeteilt, das mit ihnen etwas nicht stimmt. Punkt 12 bringt zum Ausdruck, über Inhalte nicht sprechen zu wollen, weil sie unangenehm sind (Gordon 2013, 61). Ratsam ist es, die Liste der Gesprächsstörer nicht dogmatisch zu handhaben, so kann es stellenweise sinnvoll sein, Adressat*innen beispielsweise über die Folgen eines alkoholabhängigen Verhaltens sorgfältig aufzuklären oder auch Lösungen für Erziehungsprobleme anzuregen, um Betroffene unmittelbar zu entlasten. Das gilt auch für das Fallbeispiel, in dem es hinsichtlich der Mietschulden durchaus geboten ist, konkrete Ratschläge für das weitere Vorgehen zu geben oder Julia G. für ihre Leistungen in der alltäglichen Lebensführung zu loben und zugleich Trost in einer schwierigen Lage zu spenden.

2.4 Balance von Nähe und Distanz in der Gesprächsführung

Adressat*innen und Fachkräfte verbringen eine unterschiedlich lange und zuweilen sehr intensive Zeit miteinander, die immer wieder dazu führen kann, dass ein ausgewogenes Verhältnis von Nähe und Distanz nicht zustande kommt und Spannungen auftreten, die durch eine probate Gesprächsführung vermieden oder überwunden werden (Hochuli Freund & Stotz 2021, 116 f.). Die Einschätzung, inwieweit das Verhältnis von Nähe und Distanz angemessen ist, hängt von unterschiedlichen Faktoren ab. So kann es in Krisenzeiten mit einer ausgeprägten emotionalen Instabilität sinnvoll sein, mehr Nähe zu Ratsuchenden zuzulassen, um sie unmittelbar zu entlasten. Entscheidend ist, dass keine Abhängigkeit entsteht (Hancken 2023, 68 f.). In der Reflexion von Nähe und Distanz ist überdies zu klären, worauf diese bezogen ist, auf physische, psychische, soziale, kulturelle, erfahrungsbezogene oder weltanschauliche Aspekte, um nur einige zu nennen.

Die Dynamik einer Beziehung erfordert es, immer neu einzuschätzen, wann Nähe und Distanz günstige Wirkungen erzielen und wann damit negative Konsequenzen verbunden sind. Soweit Nähe von den Adressat*innen als eine verlässliche, Geborgenheit stiftende Haltung der Fachkräfte verstanden wird, ist dagegen nichts einzuwenden. Wird daraus aber eine einengende und okkupierende Beziehung, die der Weiterentwicklung und der Verselbständigung im Umgang mit Problemen und Entwicklungsaufgaben im Weg steht, kann nicht mehr von einer vertretbaren Nähe gesprochen werden. Eine Nähe in dieser Dimension vermittelt Zielgruppen die Botschaft, dass sie alleine nicht zurechtkommen. Distanz ist in der professionellen Beziehung erstrebenswert, um notwendige Freiräume für eigene Erfahrungen und Schritte der selbständigen und eigensinnigen Problemlösung herzustellen. Eine solche Distanz vermittelt Adressat*innen, dass man ihnen eigene Handlungsentwürfe zutraut. Auf der anderen Seite ist Distanz als negativ anzusehen, wenn sie für Gleichgültigkeit und Desinteresse steht (Thiersch 2019, 42 f.). Immer wieder muss situativ eingeschätzt werden, welches Ausmaß an Nähe und Distanz geboten ist,

2.4 Balance von Nähe und Distanz in der Gesprächsführung

stets ist eine Gratwanderung zu bewältigen, für die es keine eindeutigen Regeln des Umgangs in der Gesprächsführung gibt. Es wäre auch vereinfachend, die Herstellung eines Gleichgewichts von Nähe und Distanz nur den Fachkräften zu übertragen. Reaktionen der Adressat*innen auf Beziehungsangebote spielen für eine gelingende Beziehung ebenso eine Rolle wie Strukturen der Arbeitsfelder und gesellschaftliche Bedingungen einschließlich der Machtverhältnisse (Roulin 2019, 131 f.).

Auch wenn keine abschließenden Regeln der Gesprächsführung für die Balance von Nähe und Distanz vorliegen, sollen einige typische Situationen aufgegriffen werden, die mit diesem Thema verbunden sind. Stellen Adressat*innen den Fachkräften sehr persönliche Fragen über ihre Einstellungen, Haltungen und Lebensumstände, kann damit eine Grenze überschritten werden, die es erfordert, wieder eine ausreichende Distanz herzustellen. Im Mittelpunkt der Gesprächsführung stehen die Themen der Ratsuchenden und nicht die der Fachkräfte. Eine vollständige Abstinenz der Fachkräfte in einer dogmatischen Rollenausübung wäre allerdings übertrieben. Soweit die Fragen auf äußere Merkmale und wertneutrale Mitteilungen wie Freizeitinteressen zielen, spricht – je nach Beziehungsverlauf – grundsätzlich nichts dagegen, darauf zu antworten. Werden Antworten auf Fragen von Adressat*innen vermieden, weil sie eine zu große Nähe erzeugen, ist es legitim, die Frage feinfühlig als zu persönlich zurückzuweisen. Fachkräfte sollten sich fragen, welche Bedeutung die Fragen für Adressat*innen haben und inwieweit Antworten, wenn sie für vertretbar gehalten werden, dem Unterstützungsprozess dienen (Noyon & Heidenreich 2020, 100 f.).

Kommt es zu Einladungen durch Ratsuchende, sollten diese freundlich und konsequent abgelehnt werden, auch wenn sie eine Wertschätzung darstellen und gut gemeint sind. Hier ist eine eindeutige professionelle Distanz gefordert. Fachkräfte sollten sich fragen, ob sie ggf. einen Anlass für diese Form der Nähe geboten haben und ihr Verhalten überdenken. Für den Umgang mit einer Einladung ist es hilfreich zu überlegen, welcher Veränderungswunsch in Bezug auf die Beziehung und die Rollenverteilung aus der Sicht der Adressat*innen damit einhergeht. In jedem Fall sollte die ablehnende Reaktion auf eine Einladung mit einer Würdigung dieser freundlichen Geste eingeleitet werden, auf die eine klar formulierte Ablehnung erfolgt, um den professionellen Abstand einzuhalten und die weitere Zusammenarbeit nicht zu gefährden. Im weiteren Gesprächsverlauf ist es sinnvoll, die dahinter liegenden Motive der Ratsuchenden mit ihnen zu erkunden, vielleicht geht es um eine Überwindung von Einsamkeit oder die Suche nach persönlichen anregenden Gesprächspartner*innen, die im eigenen Umfeld fehlen. Diese Themen können in der weiteren Arbeit berücksichtigt werden (Noyon & Heidenreich 2020, 95 f.). Fragen von Nähe und Distanz sind auch in der Abschlussphase einer professionellen Beziehung relevant. Bei Adressat*innen kann es zu Gefühlen von Trauer, Enttäuschung oder Verlust und Wut kommen. Um die Beendigung einer Zusammenarbeit zu erleichtern, bietet es sich an, die zeitliche Begrenzung immer wieder zu thematisieren und bisher erreichte Ziele zu resümieren. Im Verlauf der Unterstützung, soweit möglich, sollte das persönliche Umfeld stärker einbezogen werden, um Varianten der sozialen Unterstützung im Netzwerk zu fördern (▶ Kap. 4). Im letzten Drittel der geplanten Unterstützung ist es sinnvoll, den Abstand zwischen den Terminen zu vergrößern. Dies erleichtert es Ratsuchenden, wieder vermehrt ohne professionelle Unterstützung im Alltag zurechtzukommen. In der Gesprächsführung sollte die Möglichkeit eröffnet werden, über Abschiedsgefühle zu sprechen und gemeinsam Perspektiven für die Zeit nach dem Unterstützungsprozess zu entwickeln. Der Abschied wird auch erleichtert, wenn ein Folgetermin nach einem gebührenden zeitlichen Abstand vereinbart wird, der es erlaubt, noch einmal zurückzukehren und über die weitere Entwicklung zu sprechen (Schwing & Fryszer 2015, 316 f.). Für die Abschlussphase ist es überdies hilfreich, den gemeinsamen Prozess der Zusammenarbeit zu reflektieren, dabei zu besprechen, welche Ziele erreicht wurden, was mittlerweile besser oder gut läuft und an welchen Stellen weitere Unterstützungen erforderlich sind (Meyer & Wälte 2021, 293 f.). Diese Hinweise sind zwar keine Gewähr dafür, dass der Abschluss harmonisch verläuft, auf jeden Fall tragen sie aber dazu bei, Risiken eines vorzeitigen Abbruchs oder einer abwehrbedingten Entwertung der gemeinsamen Arbeit sowie die Produktion neuer Schwierigkeiten zu vermeiden, mit der eine Fortsetzung der Unterstützung erreicht werden soll.

2.4 Balance von Nähe und Distanz in der Gesprächsführung

Auf den Punkt gebracht

Eine tragfähige, kooperative und von Vertrauen getragene Beziehung ist das Fundament der Gesprächsführung, unabhängig davon, welche Ansätze im Einzelnen verfolgt werden. Die Kenntnis der Kriterien einer professionellen Beziehung unterstützt ein reflektiertes Handeln im Einzelfall. Auf der Ebene der Haltung in der Beziehungsgestaltung gelten die der Personenzentrierten Gesprächsführung entnommenen Variablen der Kongruenz, der Akzeptanz und der Empathie als übergreifend bedeutsam. Ihre Umsetzung in der Gesprächsführung erfordert aktives Zuhören und einen paraphrasierenden sowie verbalisierenden Umgang mit den Gesprächsinhalten. In der Beziehungsgestaltung treten immer wieder Fragen nach einem angemessenen Verhältnis von Nähe und Distanz auf. Die damit verbundene Gratwanderung erfordert ein sensibles und transparentes Vorgehen, beispielsweise mit persönlichen Fragen oder Einladungen. Insbesondere nach einem längeren Prozess der Zusammenarbeit kann die Beendigung der Beziehung bei Adressat*innen negative Reaktionen auslösen. Ein geplanter Abschluss, der rechtzeitig eingeleitet wird, erleichtert es Adressat*innen, sich auf neue Wege in ihrem Alltag einzulassen.

Reflexionsfragen

- Wie gehen Sie mit einer Situation um, in der Sie merken, dass Sie in der Beziehungsgestaltung zu Adressat*innen die Kennzeichen einer professionellen Beziehung nicht ausreichend beachten?
- Wenn Adressat*innen Ihnen misstrauisch begegnen, was können Sie tun, um ihr Vertrauen zu erwerben?
- Ist es für Sie zulässig, in Situationen, in denen es Ihnen besonders schwer fällt, Ratsuchende vorbehaltlos zu akzeptieren, den »Fall« abzugeben?

Weiterführende Literatur

Noyon, Alexander & Heidenreich, Thomas (2020): Schwierige Situationen in Therapie und Beratung. Weinheim, Basel: Beltz.
Plate, Markus (2021): Grundlagen der Kommunikation. Göttingen: Vandenhoeck & Ruprecht.
Schubert, Frank-Christian, Rohr, Dieter & Zwicker-Pelzer, Renate (2019): Beratung. Wiesbaden: Springer.

3 Motivationsorientierte Gesprächsführung

> **☞ Überblick**
>
> Motivationsförderung setzt zunächst ein Motivationsverständnis voraus, das den Horizont für die Gesprächsführung absteckt. Wer im professionellen Umgang mit Adressat*innen für Veränderungen wirbt, sollte an die zentralen Punkte der Motivation anschließen. Ist der Boden für potenzielle Veränderungen bereitet, geht es in der motivationsorientierten Gesprächsführung insbesondere darum, blockierende Ambivalenzen in Entscheidungsprozessen zu überwinden, den Blick auf die Zukunft einschließlich attraktiver Ziele zu richten und Adressat*innen darin zu bestärken, ihre Ziele umzusetzen.

In der Sozialen Arbeit und in anderen psychosozialen Arbeitsfeldern findet das auf Miller und Rollnick (2015) zurückgehende Modell der »Motivierenden Gesprächsführung«, ursprünglich für den Suchtbereich entwickelt, breiten Anklang. Die differenzierten und methodenintegrativen Gesprächsführungshinweise sind allerdings in den Feldern der Sozialen Arbeit nicht immer vollumfänglich anwendbar. Um Fragen der Motivation geht es beispielsweise beim Einlassen auf grundlegende Veränderungen von Verhaltensweisen sowie bei weniger tiefgreifenden Themen wie die Mitarbeit in einem Unterstützungsprozess, die Wahrnehmung eines Behördentermins oder die Einhaltung von Vereinbarungen. In diesen Fällen kann in Ausschnitten auf die »Motivierende Gesprächsführung« und je nach situativer Erfordernis auf weitere motivationsorientierte Gesprächsführungsansätze zurückgegriffen werden. Worauf es in der Gesprächsführung ankommt, wird auf der Grundlage des folgenden Fallbeispiels erläutert.

Fallbeispiel

Peter K. (53 Jahre) ist Patient in der onkologischen Abteilung einer Universitätsklinik. Nach einer Krebsoperation findet auf Anraten der behandelnden Oberärztin ein Beratungsgespräch im Sozialdienst des Krankenhauses statt. Zuständig für Peter K. ist die Sozialarbeiterin Susanne S. In dem Beratungsgespräch geht es um die Anbahnung einer Anschlussrehabilitation und die anschließende gestufte Rückkehr an den Arbeitsplatz. Im Beratungsprozess (mittlerweile haben zwei Gespräche innerhalb von vier Tagen stattgefunden) ist der folgende Punkt erreicht: Ärztlicherseits wurde Peter K. angesichts der komplexen Operation und der damit verbundenen Risiken dringend empfohlen, nach der Entlassung aus dem Krankenhaus, die in den kommenden 14 Tagen erfolgen soll, einer Anschlussrehabilitation von drei bis vier Wochen Dauer zuzustimmen. Nach ärztlichem Rat soll Peter K. anschließend in einem gestuften Verfahren an seinen Arbeitsplatz zurückkehren, beginnend mit wenigen Stunden täglicher Arbeitszeit. Peter K. sträubt sich sehr gegen diese Empfehlung.

Peter K. ist als Jurist Abteilungsleiter in einem Versicherungsunternehmen. Er berichtet im Gespräch, dass er für ca. 30 Mitarbeiter*innen verantwortlich sei. Die Schadensabteilung spiele nach seiner durchaus stolzen Einschätzung eine zentrale Rolle im Unternehmen. Sie sei für die Ertragssituation in wirtschaftlich schwierigen Zeiten besonders bedeutsam, und er würde dort dringend gebraucht. Schon jetzt sei seine lange Ausfallzeit für ihn sehr schwierig. Er habe lange auf den Posten des Abteilungsleiters hingearbeitet und wisse, dass er zwar arbeitsrechtlich geschützt sei, doch unternehmensintern würde bei längeren Krankheitszeiten immer wieder geprüft, ob Mitarbeiter*innen noch für die erreichte Tätigkeit in Frage kämen. Peter K. fürchtet um seine Position als Abteilungsleiter, die er auf jeden Fall, auch aus finanziellen Gründen, behalten möchte. Im Gespräch mit Susanne S. lehnt er den empfohlenen weiteren Behandlungsweg ab, er möchte so rasch wie möglich entlassen werden, danach allenfalls noch eine Woche zu Hause bleiben und die weitere Behandlung dann durch seinen Hausarzt ambulant organisieren.

Susanne S. wirbt dafür, sich noch einmal zu überlegen, ob es nicht sinnvoller wäre, zunächst die Behandlung wie geraten fortzusetzen, um sich weiter zu stabilisieren und dann mit neuen Kräften durchzustarten. Sie präsentiert dafür aus ihrer Sicht überzeugende Argumente, erwähnt auch frühere Patient*innen, die ihr in der Rückschau bestätigt hätten, wie wichtig es für sie gewesen sei, sich die Zeit zu nehmen. Überdies führt sie den sozialrechtlichen Anspruch auf den skizzierten Behandlungsweg an, der ja nicht bezahlt würde, wenn es für die Wirksamkeit in Zeiten evidenzbasierter Behandlungen keine guten Belege gäbe. Peter K. bleibt dennoch bei seiner Auffassung. Er reagiert auf die Bemühungen von Susanne S. zwar freundlich, aber ablehnend. Schließlich könne er besser einschätzen, was für ihn gut sei. In anderen Fällen mag es zielführend gewesen sein, die Rehabilitation stationär durchzuführen. Er habe dafür weder Zeit noch Muße und er könne es ja nach seiner Rückkehr in das Unternehmen zunächst etwas ruhiger angehen lassen, um sich noch zu schonen. Dass er noch nicht wieder bei vollen Kräften sei, wisse er schon. Susanne S. vertagt das Gespräch, bittet Peter K., alles noch einmal zu überlegen, vielleicht auch mit seiner Frau und den beiden fast volljährigen Kindern darüber zu sprechen. Peter K. hält das nicht für erforderlich, trotzdem lässt er sich auf einen weiteren Beratungstermin ein.

3.1 Grundverständnis der Motivation

Aus motivationspsychologischer Sicht basiert der Antrieb einer Person, ein Ziel zu verfolgen oder auf unerreichbare Ziele zu verzichten, auf persönlichen Präferenzen, situativen Anreizen und antizipierten Handlungsergebnissen, die wechselseitig miteinander verbunden sind. Unterschieden werden dabei im- und explizite Motive, die nicht zwingend übereinstimmen. *Implizite Motive* stehen für Gewohnheiten, Persönlichkeitsstile und unbewusste Präferenzen, während *explizite Motive* bewusst formulierte Werte und Ziele einer Person darstellen. Explizite Motive sind für die Förderung der Motivation von ausschlaggebender Bedeutung, sie geben dem Handeln eine Richtung. Dabei sind situative Einflüsse in Form von Anreizen, seien es positive oder negative, ebenso zu beachten wie eine günstige Handlungs-Ergebnis-Erwartung (Heckhausen & Heckhausen 2018, 3 f.). Auf eine Formel gebracht resultiert Motivation aus der persönlichen Bedeutsamkeit von Zielen, der Zuversicht, diese realisieren zu können, und der Bereitschaft zur Umsetzung. Hierbei ist zu beachten, dass eine einmal erreichte Motivation nicht statisch zu verstehen ist. Sie unterliegt unterschiedlich bedingten Veränderungen, so dass es immer wieder zu Rückschritten kommen kann (Teater 2020, 125). Für die motivationsorientierte Gesprächsführung können aus dieser inhaltlichen Annäherung bereits Ableitungen vorgenommen werden. Maßgeblich ist es, gemeinsam mit Ratsuchenden für sie attraktive Ziele zu entwickeln, für die der Einsatz lohnt, um drohende negative Entwicklungen wie die Eskalation einer Erkrankung zu vermeiden oder positive Entwicklungen wie ein besseres soziales Wohlbefinden zu erreichen. Wenn dann noch Erfolgserwartungen hinzukommen, die mit veränderten Handlungsweisen assoziiert werden, gewinnt die Motivation weitere Stabilität.

Für die Gesprächsführung in der Sozialen Arbeit ist es instruktiv, zwischen verschiedenen Formen der Motivation zu unterscheiden, auf die in einem Unterstützungsprozess zurückgegriffen wird. So kann beispielsweise zwischen einer Beziehungs- und einer Veränderungsmotivation differenziert werden (Klug & Zobrist 2021, 26). Lassen sich Adressat*innen auf eine Beziehung mit Fachkräften ein (▶ Kap. 2), kann daraus eine anfänglich noch nicht vorhandene Veränderungsmotivation entstehen. Mitunter sind Adressat*innen den Fachkräften zuliebe bereit, eine Veränderung ihrer Verhaltensweisen oder ihrer Lebensumstände zu versuchen. Finden sie in der Beziehung ermutigende Impulse, kann aus einer anfänglich zögerlichen Motivation bei ersten Erfolgen eine Dynamik in Gang kommen, die die Motivation festigt.

Eine weitere Unterscheidung liegt mit einer *intrinsischen*, aus inneren Antrieben und Bedürfnissen hervorgehenden, und einer *extrinsischen* Motivation vor, die mit zu erwartenden äußeren Konsequenzen verbunden ist (Beck & Borg-Laufs 2021, 84). In der Gesprächsführung werden beide

3.1 Grundverständnis der Motivation

Motivationsformen aufgegriffen. Die Auseinandersetzung mit inneren Motiven, Wertvorstellungen und Bedürfnissen, etwa in Bezug auf das Bedürfnis nach Autonomie, die ein Mindestmaß an persönlichen und umweltbezogenen Ressourcen voraussetzt, kann dazu veranlassen, Anstrengungen auf sich zu nehmen, die zuvor vermieden worden sind.

Hinsichtlich der extrinsischen Motivation können konfrontierende Informationen über die Folgen einer Fortsetzung des bisherigen Verhaltens Adressat*innen nachdenklich stimmen und sie vielleicht dazu veranlassen, ihre Haltung zu ändern.

Unabhängig von der Art der Motivation sind bei der Suche nach Möglichkeiten der Förderung durch eine angemessene Gesprächsführung Barrieren zu berücksichtigen, die es Menschen erschweren, sich auf den Weg von Veränderungen zu begeben.

Zentrale Motivationsbarrieren

- überfordernde Belastungen, die durch persönliche oder lebenslagebezogene Faktoren bedingt sein können
- fehlende attraktive Ziele, für die es lohnt, sich einzusetzen und an ihrer Umsetzung zu arbeiten
- fehlendes Handlungswissen, so dass Vorstellungen, wie Veränderungen gemeistert werden könnten, erst gar nicht entstehen
- negative Antizipationen, die dazu führen, dass ungünstige Erwartungen entstehen, die den Blick auf Potenziale und Handlungsoptionen verstellen
- erlernte Hilflosigkeit, die bei Betroffenen zu kognitiven, emotionalen und aktionalen Beeinträchtigungen führt (Stimmer & Weinhardt 2010, 76f.).

Mögliche *Konsequenzen für die motivationsorientierte Gesprächsführung* sind evident. Wenn es mittels klärender Gespräche gelingt, persönliche Belastungen zu lindern und Kräfte für andere Aufgaben freizulegen, wirkt dies bereits motivierend. Hinzu kommt die Arbeit an für Ratsuchende attraktiven Zielen und die Vermittlung eines darauf bezogenen Handlungswissens. Negative Antizipationen können beispielsweise mit systemischen

3 Motivationsorientierte Gesprächsführung

Ansätzen der Gesprächsführung wie zirkulären oder hypothetischen Fragen problematisiert und Schritt für Schritt abgebaut werden. Bei einer ausgeprägten erlernten Hilflosigkeit gerät die Gesprächsführung an Grenzen. Mitunter tragen erste Erfolge Ratsuchender allerdings dazu bei, aus dieser Sackgasse herauszukommen. Hier bieten sich Aufgaben für Ratsuchende an, die sie in ihrem Alltag auch leisten können, verbunden mit einer Unterstützung in der Phase der Umsetzung und einer ausführlichen sowie anerkennenden Rückmeldung.

Auch wenn Motivationsbarrieren verringert oder überwunden werden, ist noch nicht gesagt, dass es zu Aktivitäten der Adressat*innen kommt. Entscheidend ist der Übergang zu entsprechenden Handlungen wie die Wahrnehmung einer Suchtberatung oder die Beantragung von Sozialleistungen. In der Motivationsforschung werden zwei Übergänge beschrieben, die zu konkreten Handlungen führen. Zunächst geht es um den Übergang von der Motivation zum Aufbau einer Intention, die für die Planung in Frage kommender Handlungen steht. Die gewählte Intention favorisiert gewissermaßen ausgewählte Motivationstendenzen, denn in der Regel können nicht alle gleichermaßen berücksichtigt werden. Eine Intention umfasst zumeist mehrere Handlungsoptionen, aus denen ein Ausschnitt zu einem bestimmten Zeitpunkt realisiert wird. Der zweite Übergang markiert den Weg von der Intentionsbildung zur Umsetzung von Handlungsweisen. Nach diesen beiden Übergängen wird der Prozess in der Rückschau bewertet (Heckhausen & Heckhausen 2018, 8).

3.2 Umgang mit Ambivalenzen

Ambivalenzen, zwischen Alternativen zu stehen und zunächst keine Entscheidung treffen zu können oder gemischte Gefühle und Vorstellungen zu haben, die sich mal rasch, mal zögerlich und manchmal auch gar nicht auflösen, sind im Alltag völlig normal. Man denke beispielsweise an eigene Vorsätze hinsichtlich Ernährung oder Bewegung, die meist Vorhaben bleiben und nur gelegentlich umgesetzt werden. In Gesprächen mit

3.2 Umgang mit Ambivalenzen

Adressat*innen ist es hilfreich, die in Ambivalenzen zum Ausdruck kommenden Schwankungen zu normalisieren. Damit wird bei den Adressat*innen eine negative Selbsteinschätzung vermieden, mit der sie es nicht schaffen, sich zu verändern. Dieser akzeptierende Umgang mit Ambivalenzen erleichtert es Adressat*innen, darüber offen zu sprechen (Herwig-Lempp 2022, 270 f.). Ambivalenzen können auch durch die Auseinandersetzung mit widersprüchlichen Neigungen und Tendenzen einen Reflexionsprozess auslösen, der zu neuen Einsichten führt, die einen fälligen Entscheidungsprozess unterstützen (Wunderer 2022, 25). Führen bestehende Ambivalenzen allerdings dazu, dass Ratsuchende in ihren Denk- und Handlungsweisen blockiert werden, ist es in der motivationsorientierten Gesprächsführung geboten, nach Möglichkeiten der Überwindung Ausschau zu halten.

In der »Motivierenden Gesprächsführung« nach Miller und Rollnick (2015) nehmen Ambivalenzen als Motivationshindernisse einen großen Raum ein. In den Bemühungen, Ratsuchende bei der Überwindung von Ambivalenzen zu unterstützen, geht es darum, eine Veränderungsbereitschaft herauszuarbeiten und zu stabilisieren. Adressat*innen können in ihrer Entscheidungsfindung durch unterschiedliche Ambivalenzkonflikte blockiert sein.

> **Ambivalenzkonflikte**
>
> - *Annäherungs-Annäherungskonflikt:* Betroffene pendeln zwischen zwei positiven Alternativen, etwa zwei Wohnungsangeboten.
> - *Vermeidungs-Vermeidungskonflikt:* In diesem Fall geht es um zwei unangenehme Alternativen, beispielsweise im Krankheitsfall die Entscheidung zwischen einer Operation oder einer ebenfalls mit erheblichen Belastungen verbundenen medikamentösen Behandlung.
> - *Annäherungs-Vermeidungskonflikt:* Bei diesem Konflikt stehen Adressat*innen vor einer Option mit positiven und negativen Begleiterscheinungen, beispielsweise ist ein angestrebter beruflicher Aufstieg mit Belastungen wie einer größeren zeitlichen Beanspruchung oder dem Verlust des bisherigen Teams verbunden.

3 Motivationsorientierte Gesprächsführung

> - *Doppelter Annäherungs-Vermeidungskonflikt:* In dieser besonders vertrackten Situation stehen zwei Optionen mit jeweils günstigen und ungünstigen Implikationen zur Verfügung. So kann eine Person eine gewünschte berufliche Veränderung nur durch einen Ortswechsel realisieren, der mit dem Verlust von tragenden Kontakten einhergeht. Der Verbleib am Ort bedeutet, weiterhin in ein wohltuend erlebtes Netzwerk eingebunden zu sein, damit allerdings auf eine berufliche Weiterentwicklung zu verzichten (Miller & Rollnick 2015, 188).

Im Fallbeispiel dieses Kapitels liegt ein Annäherungs-Vermeidungskonflikt vor. Peter K. strebt die rasche Rückkehr an den Arbeitsplatz an, um die aus seiner Sicht gefährdete berufliche Position zu sichern und lehnt eine stationäre Rehabilitation sowie eine seine Kräfte schonende berufliche Wiedereingliederung ab.

Ambivalenzkonflikte werden in der Gesprächsführung herausgearbeitet und damit bewusst gemacht. Um eine Blockade durch eine Ambivalenz zu überwinden, wird eine Vier-Felder-Matrix ins Spiel gebracht, in der auf der einen Seite die Vorteile des Weitermachens in der bisherigen Bahn und die Nachteile einer Veränderung erfasst werden (▶ Tab. 1). Auf der anderen Seite stehen die Vorteile einer Veränderung und die Nachteile der Fortsetzung des bisherigen Verhaltens.

Tab. 1: Veränderungsmatrix basierend auf der Entscheidungswaage nach Miller/Rollnick (2015, 279)

Vorteile der Beibehaltung eines Problems:	Nachteile der Beibehaltung eines Problems:
Nachteile der Lösung eines Problems:	Vorteile der Lösung eines Problems:

3.2 Umgang mit Ambivalenzen

Beide Seiten werden exploriert, wobei auf Besonderheiten in der Gesprächsführung zu achten ist: Dominieren Gründe für Veränderungen und Nachteile der Beibehaltung eines Problems, ist eher von einer Veränderungsmotivation auszugehen. In einem daran ansetzenden »Change-Talk« werden die Wünsche sowie Gründe für Veränderungen und Fähigkeiten durch evokative offene Fragen und die reflektierende Beleuchtung von Ziel- und Wertvorstellungen herausgestellt; des Weiteren werden Handlungsbereitschaften betont sowie erste Schritte der Umsetzung ausdrücklich gewürdigt.

Tendieren Ratsuchende eher dazu, den Status quo beizubehalten, ist eine Expert*innenfalle zu vermeiden, in die Fachkräfte dann geraten, wenn sie für Veränderungen werben und Ratsuchende damit veranlassen, sich dagegen zu wehren. Welche Anzeichen können auftreten, wenn Veränderungen (noch) nicht angestrebt werden? Ratsuchende stellen die Kompetenz der Fachkraft in Frage, unterbrechen sie häufig oder zeigen aggressive Reaktionen. In diesem Fall kommt ein »Sustain-Talk« in Frage, in dem die Sichtweisen der Ratsuchenden reflektiert werden, ggf. auch in einer überzeichneten Form, um Konsequenzen deutlich zu machen. Gleichzeitig wird die Entscheidungsfreiheit betont: Ratsuchende haben ein Recht darauf, Veränderungen vorerst oder auch langfristig zu vermeiden. Instruktiv ist es an dieser Stelle, ihnen zuzustimmen und nur ergänzende Aspekte einzubringen. Erst wenn Ratsuchende im Gespräch durch Fragen oder erste Vorstellungen, wie eine Veränderung aussehen könnte, erkennen lassen, dass sie diese zumindest nicht vollständig ausschließen, werden sie von Fachkräften im »Confidence-Talk« durch Informationen und die Betonung ihrer Möglichkeiten und Potenziale auf diesem Weg bestärkt (Miller & Rollnick 2015, 189f.).

Fallbeispiel

Im Fallbeispiel will Peter K. seinen gewählten Weg beschreiten und blendet damit verbundene Nachteile aus. Die Sozialarbeiterin und die Oberärztin werben einseitig für die Anschlussrehabilitation und die gestufte Wiedereingliederung in den Arbeitsprozess. Sie tappen gewissermaßen in eine Expert*innenfalle, die Peter K. veranlasst, immer deutlicher gegenzuhalten. In der Gesprächsführung böte es sich an, die

> Bedürfnisse des Patienten mit offenen Fragen, Paraphrasen und vielleicht auch Verbalisierungen zu beleuchten und dabei zu betonen, dass er eine eigenständige Entscheidung treffen wird. Peter K. weist zaghaft darauf hin, dass er noch nicht wieder über seine früheren Kräfte verfügt. Hier könnte man ansetzen, seine Wahrnehmungen vertiefen und der Frage nachgehen, wie er am besten seine Leistungsfähigkeit, die ihm besonders wichtig ist, wieder herstellen kann und welche Risiken mit einem raschen Wiedereinstieg in die Berufstätigkeit verbunden sein können.

Auf bestehende Ambivalenzen kann auch mit *Ambivalenzkommentaren* reagiert werden, wie sie in der systemischen Gesprächsführung vorzufinden sind. Ambivalenzkommentare sind empfehlenswert, wenn Ratsuchende in widersprüchlichen Tendenzen befangen sind, die z. B. in Ambivalenzkonflikten zum Ausdruck kommen. Fachkräfte nehmen in solchen Kommentaren den Wunsch nach Nichtveränderung ernst. Sie bestärken Ratsuchende darin, zunächst in den gewohnten Bahnen weiterzumachen. Gewissermaßen reagieren sie damit paradox, erwarten Ratsuchende doch eher, dass Fachkräfte für Veränderungen beispielsweise in Bezug auf die Tilgung von Schulden oder den Verzicht auf Drogen werben. Ratsuchende werden dadurch zuweilen irritiert, nicht selten werden sie dadurch veranlasst, sich stärker der anderen Seite zuzuwenden. In dieser Form der Gesprächsführung verbleibt die Verantwortung für die eine oder andere Entscheidung bei den Ratsuchenden, Fachkräfte haben dabei lediglich die Aufgabe, Handlungsmöglichkeiten zu eröffnen. Gründe dafür, einer zumindest vorläufigen Aufrechterhaltung von Problemen den Vorrang zu geben, können darin liegen, dass vorhandene Schwierigkeiten eine Lösung für andere Probleme darstellen oder dass sie Ratsuchenden Schutz vor noch gravierenderen Problemen bieten. Insofern ist Vorsicht gegenüber einem zu hohen Tempo bei der Problemlösung geboten. Ambivalenzkommentare mit ihren paradoxen Anteilen sollten behutsam eingesetzt werden. Sie sind bei stark verunsicherten oder gering motivierten Ratsuchenden kontraindiziert (Schwing & Fryszer 2015, 248 f.).

3.2 Umgang mit Ambivalenzen

Fallbeispiel

Übertragen auf Peter K. eröffnet diese Variante der Gesprächsführung der Sozialarbeiterin einen neuen Weg. Susanne S. kann im Verlauf des Gesprächs, in dem Peter K. die Vorschläge des Krankenhauspersonals deutlich ablehnt, mit einem Ambivalenzkommentar reagieren. Sie kann einbringen, dass Peter K. am besten wisse, was für ihn gut sei und es sich vielleicht doch lohne, die Behandlung abzukürzen und in das Unternehmen zurückzukehren. Angesichts der Tatsache, dass Peter K. schon zwei Termine mit der Sozialarbeiterin wahrgenommen und auch einem weiteren Gespräch zugestimmt hat, kann man annehmen, dass er doch nicht so sicher ist, wie es erscheint. Der für ihn vermutlich überraschende Ambivalenzkommentar kann ihn irritieren und zu einem veränderten Gesprächsverlauf beitragen.

Bei bestehenden Ambivalenzen und damit Entscheidungsalternativen, die Ratsuchende in ihren Handlungsmöglichkeiten aufgrund des Schwankens zwischen »einerseits und andererseits« lähmen, kommt in der Gesprächsführung auch der *Entscheidungszwang* in Frage. Mit Ratsuchenden werden Entscheidungsalternativen mit ihren Vor- und Nachteilen jeweils separat erörtert, um mehr Klarheit zu erreichen. Einzelne Entscheidungsmöglichkeiten können im Gesprächsverlauf auch probeweise durchgespielt werden, um ein Gespür für die genauen Anforderungen und Folgen zu erhalten und aus dem Kreislauf herauszukommen. In der Gesprächsführung werden sie darin unterstützt, sich auf die Trennung der vorhandenen Alternativen einzulassen und sie durchzuarbeiten. Damit wird die Chance eröffnet, einzelne Vorgehensweisen zunächst imaginär durchzuspielen ohne sich schon abschließend festlegen zu müssen. Nachdem die Wahlmöglichkeiten vertiefend betrachtet und bei Bedarf visualisiert oder tabellarisch erfasst wurden, werden Ratsuchende in der Abschlussphase dieser Gesprächssequenz gebeten, eine Entscheidung auf der Grundlage der gewonnenen Einsichten zu treffen (Pallasch & Kölln 2020, 134f.).

3 Motivationsorientierte Gesprächsführung

Fallbeispiel

Im Fall von Peter K. ist auch diese Variante der Gesprächsführung gut vorstellbar. Statt im Gespräch die beiden Alternativen wie in einer Ping-Pong-Kommunikation immer wieder ohne erkennbare Fortschritte anzusprechen, wird zunächst die favorisierte rasche Rückkehr an den Arbeitsplatz mit ihren Vor- und Nachteilen durchgespielt. Hierzu zählen auf der einen Seite beispielsweise die Sicherung der Position im Unternehmen, die Einbindung in eine für Peter K. erstrebenswerte Tätigkeit und die Verbesserung seines Selbstbildes. Auf der anderen Seite stehen das Risiko, dem beruflichen Stress noch nicht gewachsen zu sein, die Gesundheit weiter zu gefährden oder aufgrund der noch instabilen Verfassung Fehler zu machen, die ebenfalls die berufliche Position gefährden. Anschließend wird die Anschlussrehabilitation diskutiert, die Peter K. einerseits zeitlich einschränkt und ihn von seiner Berufstätigkeit abhält. Andererseits schont er seine Kräfte und erwirbt Kompetenzen, um mit gesundheitlichen Herausforderungen umzugehen. Peter K. kann auf dieser Grundlage eher eine für sich begründete Entscheidung treffen.

3.3 Motivationsförderung durch Zukunftsvorstellungen

Eine Förderung der Motivation, in welcher Variante auch immer, wird durch positive Erwartungen an künftige Umstände unterstützt (Beck & Borg-Laufs 2021, 84). Darauf bezogene Gesprächsführungsansätze schließen an die Überwindung von Ambivalenzen an. Adressat*innen sind jetzt eher bereit, sich auf Vorstellungen darüber einzulassen, wie ihre Zukunft mit verringerten oder überwundenen Problemen aussehen könnte. Folgende Vorgehensweisen bieten sich in der motivationsorientierten Gesprächsführung an:

3.3 Motivationsförderung durch Zukunftsvorstellungen

Mit einer *Wunderfrage*, die in der systemischen und lösungsorientierten Gesprächsführung entwickelt wurde, werden Adressat*innen eingeladen, sich eine Zukunft vorzustellen, in der Probleme überwunden sind. Solche Vorstellungen können sehr motivierend wirken und dazu veranlassen, sich auf einen zuweilen anstrengenden Weg aus einer Abhängigkeitserkrankung, Wohnungslosigkeit oder Überschuldung zu machen. Die Wunderfrage lädt dazu ein, sich Gedanken über die Zeit nach der Überwindung von Schwierigkeiten zu machen, die bislang von Adressat*innen als unüberwindbar angesehen werden. Gesprächstechnisch werden Adressat*innen eingeladen, sich vorzustellen, sie würden morgens aufwachen und in der Nacht wäre ein Wunder geschehen, ihre Probleme seien überwunden. Im Mittelpunkt des Gesprächs steht nicht das Wunder, sondern, wie Adressat*innen sich die Veränderungen, ein Leben ohne oder mit weniger drängenden Problemen, genau vorstellen und was sie unter diesen Vorzeichen nun anders machen würden. Auf dieser Grundlage führt das Gespräch zurück in die Gegenwart, indem mit Adressat*innen darüber nachgedacht wird, weshalb eine Veränderung lohnenswert wäre und welche Verhaltensweisen oder Schritte, die mit der Zeit nach einem Wunder assoziiert werden, schon jetzt von ihnen umgesetzt werden können, etwa der zumindest partielle Verzicht auf Alkohol oder die Veränderung des Umgang mit Geld (Herwig-Lempp 2022, 236f.).

Fallbeispiel

Bezogen auf Peter K., der angesichts seiner kognitiven Potenziale für eine Wunderfrage grundsätzlich erreichbar ist, könnte die Sozialarbeiterin fragen, wie es wäre, wenn er wie durch ein Wunder morgen wieder uneingeschränkt erwerbstätig sein könnte. Peter K. könnte sich das sicherlich sehr gut vorstellen. Von hier ausgehend könnte im Gespräch gefragt werden, was er schon heute dafür tun könnte, vielleicht seine Belastbarkeit allmählich steigern und vorübergehende Grenzen anerkennen, deren Missachtung es weniger wahrscheinlich machen, den »Wunderzustand« zu erreichen.

Längst nicht alle Ratsuchenden sind mit der teilweise verspielt wirkenden Wunderfrage zu erreichen. Alternativ bietet sich ein »Blick in die Zukunft«

ohne die Wunderfrage an. Adressat*innen werden auch hier eingeladen, sich vom Blick in die Vergangenheit zu lösen und sich die Zukunft nach vollzogenen Veränderungen vorzustellen. Die damit verbundenen Gedanken und Gefühle werden gemeinsam konkretisiert und auf die Gegenwart übertragen. Damit kann es gelingen, neue Perspektiven zu eröffnen. In der Gesprächsführung kommt es darauf an, ein Klima zu schaffen, in dem Adressat*innen es wagen, neue Vorstellungen zuzulassen. Überwiegend sind sie es schließlich gewohnt, über Probleme zu sprechen, das erwarten sie vielleicht auch vorrangig von einem Beratungsgespräch. Ratsuchende werden durch Fachkräfte darin unterstützt, über Gefühle, Gedanken, Erwartungen zu sprechen, beispielsweise durch antizipierte Entwicklungen und durch Spekulationen. Im weiteren Gespräch werden die möglichen Konsequenzen vorgestellter Veränderungen auf Seiten der Adressat*innen und auf Seiten ihres Umfeldes betrachtet. Eine andere Vorgehensweise in der Gesprächsführung kann darin liegen, sich vorzustellen, wie es wäre, wenn das Problem weiter fortbesteht. Auch daraus können Veränderungswünsche erwachsen (Pallasch & Kölln 2020, 171 f.). Der Blick in die Zukunft ist weniger spektakulär als die Wunderfrage und dennoch geeignet, im Gespräch den Akzent weg von gegenwärtigen Problemen zu legen, die vielleicht Widerstand oder negative Emotionen auslösen.

Fallbeispiel

Peter K. könnte eingeladen werden, sich in einem halben Jahr am Arbeitsplatz zu sehen, genesen und in einem stabilen Zustand. Von hier aus könnte mit ihm darüber nachgedacht werden, wie dieser erstrebenswerte Zustand erreicht werden kann, vielleicht ja doch in Etappen.

Ob mit Hilfe der Wunderfrage oder des Blicks in die Zukunft: Öffnen sich Adressat*innen für neue Perspektiven, fällt es deutlich leichter, mit ihnen Ziele zu entwickeln, die ebenfalls auf die Zukunft gerichtet sind, allerdings stärker umsetzungsorientiert. Ziele sind gewissermaßen der Vorschein einer anderen Wirklichkeit. Sie entfalten, wenn sie von Adressat*innen als attraktiv und erstrebenswert erlebt werden, eine motivierende Kraft. Sie stehen, ausgehend von Problemen, für einen erwünschten und erreichbaren Zustand. Für Adressat*innen sind Ziele eher dann motivierend, wenn sie gemeinsam im Gespräch entwickelt werden und sie ihre Wünsche, Bedürfnisse und Absichten darin wiederfinden. Für die Umsetzung, also die Förderung einer Handlungsmotivation, ist es hilfreich, Ziele anstrebenswert und nicht in Form von Vermeidungszielen, präzise und zeitlich untergliedert zu formulieren. Günstig ist es, Ziele mit Unterstützungsangeboten durch Fachkräfte abzustimmen, um enttäuschende Überforderungen zu vermeiden, die eine aufgebaute Motivation schwächen können (Hochuli Freund & Stotz 2021, 273 f.). Die motivierende Kraft von Zielen wird erhöht, wenn sie im Verlauf der Umsetzung an veränderte Bedingungen angepasst werden. Ein statischer Umgang ist angesichts dynamischer Fallverläufe nicht weiterführend. Immer ist neu zu prüfen, wie die jeweils aktuelle Ist-Situation aussieht, um angemessene Ziele zu entwickeln, die einen Soll-Zustand darstellen. Ziele können sich insbesondere auf individuelle Verhaltensweisen und zu fördernde Kompetenzen der Adressat*innen, auf ihre sozialen Netze und persönlichen Beziehungen und auf ihr institutionelles und sonstiges Umfeld beziehen (von Spiegel 2021, 119 f.).

Fallbeispiel

Im Gespräch mit Peter K. steht das Ziel an oberster Stelle, so rasch wie möglich wieder zur Arbeit zu gehen. Der aufgezeigte weitere Behandlungsweg kollidiert damit. Im Gespräch könnten, ausgehend vom Hauptziel des Patienten, mit ihm Teilziele besprochen werden, die seine Kooperation verbessern. So könnte mit ihm verabredet werden zu prüfen, ob ein schnellerer Übergang in die Anschlussrehabilitation möglich ist und die Frage der gestuften Rückkehr an den Arbeitsplatz erst zu einem späteren Zeitpunkt vertieft wird, schließlich kann sich Peter K. überraschend schnell weiter erholen.

3.4 Motivationsförderung durch Ermutigungen

Damit aus einer allmählich entstandenen Motivation eine Intention und daran anschließend konkretes Handeln wird, sind Adressat*innen zuweilen auf *Ermutigungen* durch Fachkräfte angewiesen, die ihnen die Umsetzung von Zielen und von Zukunftswünschen erleichtern. An dieser Stelle der Gesprächsführung ist es hilfreich, Zutrauen in bevorstehende Aufgaben durch eine entsprechende Haltung und verbale Unterstützung aufzubauen. Zutrauen als ein pädagogischer Begriff bedeutet, einem anderen Menschen die Bewältigung einer Aufgabe durch eigenes Handeln zuzutrauen. Kommt diese Einschätzung verbal durch entsprechende Hinweise und nonverbal durch den Glauben an die Möglichkeiten der Adressat*innen kongruent zum Ausdruck, wird dadurch ihr Selbstvertrauen bestärkt, einer Herausforderung gewachsen zu sein (Bollnow 2001, 44f.). Für die Umsetzung dieses Anspruchs in der motivationsorientierten Gesprächsführung kann auf die folgenden Ansätze zurückgegriffen werden:

Auf der verbalen Ebene wird die Motivation durch *wohlwollende und unterstützende Kommentare* gefördert. Kommentare, in denen Adressat*innen positiv bewertet werden, haben das Potenzial, Veränderungsimpulse auszulösen. In der Auseinandersetzung mit zurückliegenden Problemen und Veränderungsblockaden kann in einem Kommentar darauf aufmerksam gemacht werden, dass Veränderungen bisher noch nicht gelungen sind, was nicht ausschließt, dass diese in der Zukunft erreicht werden können. Damit wird einer Festschreibung von Problemen begegnet, die es Betroffenen erschweren, überwindende Aktivitäten an den Tag zu legen. Deutlich stärkere motivierende Wirkungen sind von Kommentaren zu erwarten, in denen Adressat*innen *wertschätzende Komplimente* in Bezug auf wahrgenommene Fähigkeiten und bereits gemeisterte Aufgaben gemacht werden. Viele Menschen, die in Probleme verstrickt sind, entbehren diese Form der Anerkennung in ihrem Alltag. Fachkräfte können ihnen ganz neue Erfahrungen vermitteln, allerdings nur, wenn ein Kompliment nicht phrasenhaft angeboten wird, sondern auf konkrete Fähigkeiten und Umstände bezogen ist. Einer alleinerziehenden Mutter, die es trotz vor-

3.4 Motivationsförderung durch Ermutigungen

handener Probleme immer wieder schafft, ihre Kinder angemessen zu versorgen und mit den begrenzten finanziellen Mitteln über die Runden zu kommen, wertschätzend zu begegnen, öffnet günstigenfalls den Blick für vorhandene Möglichkeiten, die ihren Glauben an sich stärken (Schwing & Fryszer 2015, 238f.).

In der Gesprächsführung kann *Lob* in direkter Form eingebracht werden, beispielsweise durch Aussagen wie »Mich beeindruckt oder mir gefällt, wie Sie ihr Problem angehen«. Daneben kommen indirekte Formen in Betracht, in denen man erstaunt darüber ist, wie viele Menschen es in der Lage der Adressat*innen nicht schaffen, eine Beratung in Anspruch zu nehmen oder bei einer bestehenden Wohnungslosigkeit Termine einzuhalten und sich anhaltend um eine Wohnung zu bemühen. Eine weitere Form positiv konnotierter Kommentare erfolgt durch *Fragen*. So können Adressat*innen gefragt werden, wie sie es schaffen, angesichts ihrer Probleme noch freundlich zu bleiben oder ihre Bemühungen nicht einzustellen. Unterstützend sind auch Einladungen, *sich selbst positiv zu beschreiben*. Adressat*innen können gebeten werden einmal auszuführen, was ihr Verhalten oder ihre Leistungen über sie aussagen oder wie sie ihre Fähigkeiten beschreiben würden (Herwig-Lempp 2022, 411).

Adressat*innen können ebenso durch *Rückmeldungen zu Veränderungen* ermutigt werden. Rückmeldungen sind für das eigene Selbstverständnis bedeutsam. In ihnen drücken Fachkräfte aus, wie sie Ratsuchende wahrnehmen, was sie in ihnen auslösen. Während Kommentare Beobachtungen der Fachkräfte darstellen, stehen Rückmeldungen für Erfahrungen, die Fachkräfte unmittelbar mit Adressat*innen machen. Bei der Formulierung von Rückmeldungen sind die folgenden Punkte zu beachten.

Adäquate Rückmeldungen geben

Rückmeldungen erfolgen beschreibend und nicht etikettierend oder diagnostizierend. So sollte man beispielsweise nicht sagen, jemand sei kompetent, sondern genau darlegen, was damit gemeint ist. Sie sind besonders wirksam, wenn sie konkret und nicht verallgemeinernd formuliert werden. Adressat*innen sind nicht engagiert im Unterstützungsprozess, sondern sie halten Verabredungen ein, entwickeln an bestimmten Punkten eigenständige Initiativen etc. Sie werden so ausgedrückt, dass Adressat*innen klar wird, sie stammen von den jeweiligen Fachkräften, mit denen sie zusammenarbeiten, sie sind damit persönlich unterlegt. Rückmeldungen in positiver Lesart, die hier im Mittelpunkt stehen, vermitteln Adressat*innen einen Einblick in vorhandene und in der Zusammenarbeit sichtbar werdende Ressourcen (Culley 2015, 132).

Kommentare und Rückmeldungen im Rahmen der Motivationsförderung können durch *Aufgabenstellungen* im Unterstützungsprozess ergänzt werden. Adressat*innen übernehmen damit Schritte, die zwischen einzelnen Terminen ausgeführt werden. Aufgaben beziehen sich auf alltägliche Zusammenhänge. Sie tragen dazu bei, den reinen Gesprächshorizont zu überwinden und konkrete Handlungen zu integrieren. Insbesondere dann, wenn Hausaufgaben in der Gesprächsführung gemeinsam entwickelt werden und sie für Adressat*innen sinnvoll und relevant sind, steigt die Motivation der Umsetzung. Hausaufgaben können aus systematischer Sicht darin bestehen, entwickelte konkrete Ziele zu realisieren, andere oder sich zu beobachten, um Spielräume für Verhaltensänderungen auszuloten oder bestimmte, im Gespräch als einschränkend identifizierte Routinen und Verhaltensabläufe zu unterbrechen (Pallasch & Kölln 2020, 215 f.). Mit Hausaufgaben wird Adressat*innen von Fachkräften vermittelt, dass man ihnen die Umsetzung zutraut und dass eigenständige Schritte sie voranbringen. Diese symbolische und faktische Botschaft kann ermunternd wirken, vor allem dann, wenn die Aktivitäten der Adressat*innen kommentiert werden und zu einer persönlichen Rückmeldung führen.

Fallbeispiel

Peter K. könnte im Beratungsgespräch von der Sozialarbeiterin eine Rückmeldung über seine kommunikativen und argumentativen Fähigkeiten bekommen und auf dieser Grundlage ermuntert werden, seine beruflichen Befürchtungen, wonach seine Position als Abteilungsleiter bei einer längeren krankheitsbedingten Abwesenheit gefährdet sei, einmal im Gespräch mit den Verantwortlichen im Unternehmen zu sondieren. Vielleicht stellt sich dabei heraus, dass die Befürchtungen einer Grundlage entbehren. Peter K. hätte dann einen für sich erweiterten Entscheidungsradius, der im Beratungsgespräch ausdrücklich gewürdigt wird.

Auf den Punkt gebracht

Die Förderung der Motivation in ihren ganz unterschiedlichen Varianten setzt voraus, auf attraktive Ziele, situative Anreize und Handlungsfähigkeiten zurückgreifen zu können. Ein einmal erreichtes Motivationsniveau ist nicht statisch, unterschiedliche Faktoren können es immer wieder verändern. In der motivationsfördernden Gesprächsführung werden unterschiedliche Motivationsbarrieren analysiert und systematisch in ausgewählte Vorgehensweisen einbezogen. Zu den Kernelementen der motivationsfördernden Gesprächsführung zählen der Abbau von blockierenden Ambivalenzen durch eine Entscheidungsmatrix, Ambivalenzkommentare oder der Entscheidungszwang. Eine daran anschließende Form der Gesprächsführung setzt den Akzent auf die gemeinsame Entwicklung erstrebenswerter Zukunftsvorstellungen, etwa durch den Einsatz der Wunderfrage, des Blicks in die Zukunft oder der Entwicklung von Zielen als Vorschein einer anderen Wirklichkeit. Schließlich wird die Motivation der Adressat*innen auch durch konkrete Ermutigungen zu neuen Schritten unterstützt. Ermutigungen können durch Kommentare, Rückmeldungen und erfolgversprechende Hausaufgaben erreicht werden.

Reflexionsfragen

- Was können Sie tun, wenn Ratsuchende sich noch nicht auf Veränderungen einlassen können, die Sie für notwendig erachten?
- Wie schaffen Sie es, bei Ambivalenzen auf Seiten der Ratsuchenden nicht in die »Expert*innenfalle« zu geraten und einseitig für Veränderungen zu plädieren?

- Ratsuchende loben oder ermutigen kann infantilisierend wirken. Worauf achten Sie in Ihrer Sprache und Haltung, wenn Sie diesen Weg der Ermutigung wählen?

Weiterführende Literatur

Heckhausen, Jutta & Heckhausen, Heinz (Hrsg.) (2018): Motivation und Handeln. Berlin: Springer.

Miller, William R. & Rollnick, Stephen (2015): Motivierende Gesprächsführung. Freiburg: Lambertus.

Schwing, Rainer & Fryszer, Andreas (2015): Systemisches Handwerk. Göttingen: Vandenhoeck & Ruprecht.

4 Netzwerkorientierte Gesprächsführung

☞ Überblick

In der Sozialen Arbeit mit ihrer Ausrichtung auf Menschen in ihren Umweltbezügen spielen soziale Netzwerke naturgemäß eine große Rolle, stellen sie doch einen relevanten Ausschnitt der alltäglich erlebten Umwelt dar. Soziale Netzwerke geraten insbesondere in den Fokus der Sozialen Arbeit, wenn sie für Adressat*innen Belastungen darstellen oder wenn sie mit ihren Unterstützungspotenzialen in den Hilfeprozess einbezogen werden. Sozialpolitisch gelten intakte informelle soziale Netzwerke für den Zusammenhalt der Gesellschaft als unverzichtbar, ihr Fehlen oder ihre Brüchigkeit können nicht durch Sozialleistungen vollständig kompensiert werden (Bäcker, Naegele & Bispinck 2020, 1171). Adressat*innen der Sozialen Arbeit verfügen häufiger über geringere Netzwerkressourcen als sozialökonomisch besser ausgestattete Bevölkerungsgruppen, zugleich sind sie vermehrt auf Unterstützung angewiesen, um benachteiligende Lebensumstände überwinden zu können (Otto 2018, 1483). In vielen Arbeitsfeldern der Sozialen Arbeit ist eine Netzwerkorientierung geboten, die über die Analyse von Netzwerklücken hinausgeht und auf konkrete Interventionsmöglichkeiten zur Erschließung von sozialer Unterstützung zielt. Die netzwerkorientierte Gesprächsführung stellt einen Ausschnitt sozialarbeiterischer Netzwerkarbeit dar.

Für die netzwerkorientierte Gesprächsführung sind zunächst Kenntnisse über Netzwerktypen und die Besonderheiten sozialer Netzwerke relevant, um den Bezugspunkt zu konturieren (▶ Kap. 4.1). Die Auseinandersetzung

4 Netzwerkorientierte Gesprächsführung

mit sozialen Netzwerken erfolgt unter dem Aspekt der Förderung sozialer Unterstützung in ihren ganz unterschiedlichen Formen (▶ Kap. 4.2). Die Grundlagen sozialer Netzwerke fließen in die Analyse ein, die in der Gesprächsführung mit der Netzwerkkarte realisiert wird, um mögliche Belastungen und vorhandene sowie mobilisierbare Unterstützungsressourcen zu identifizieren (▶ Kap. 4.3). Anschließend wird der Frage nachgegangen, wie soziale Unterstützung in Netzwerken durch Adressat*innen erreicht werden kann, sei es durch die Förderung eines Netzwerkbewusstseins oder von Netzwerkkompetenzen sowie die Überwindung persönlicher Netzwerkbarrieren (▶ Kap. 4.4). Die einzelnen Überlegungen werden auf ein Fallbeispiel übertragen, um Wege der Anwendung aufzuzeigen.

Fallbeispiel

Thomas H. besucht nach der Entlassung aus einer psychiatrischen Klinik seit ein paar Wochen in unregelmäßigen Abständen einen Treffpunkt der Ambulanten Sozialpsychiatrie in der Nähe seiner Wohnung. Auf Gesprächsangebote des Sozialarbeiters Heiner M. reagiert Thomas H. noch sehr zurückhaltend, auch mit anderen Besucher*innen des Treffpunkts spricht er nach bisherigen Beobachtungen nur sporadisch.

Zuletzt hat der Sozialarbeiter mit Thomas H. über seine aktuelle Situation gesprochen. Thomas H. ist 32 Jahre alt, er ist seit drei Jahren erwerbslos und bezieht derzeit Bürgergeld. Davor war er als ausgebildeter Buchhändler in der Filiale einer Buchhandlungskette beschäftigt. Seitens der Behörde werde geprüft, ob Thomas H. überhaupt erwerbsfähig sei, oder ob eine teilweise oder volle Erwerbsminderung vorliege, für die dann ein anderer Sozialleistungsträger zuständig wäre. Thomas H. ist darüber nicht glücklich, er würde gerne wieder arbeiten gehen, auch um etwas Geld zu verdienen und nicht nur alleine in der Wohnung zu sein.

Wie sich herausstellt, hat Thomas H. nach dem Abitur die Ausbildung zum Buchhändler absolviert, er wollte anschließend Germanistik studieren, doch das sei ihm krankheitsbedingt leider nicht möglich gewesen. Den Wunsch habe er allerdings noch nicht aufgegeben. Kurz nach dem Ende der Ausbildung sei bei ihm eine Psychose aus dem schizophrenen Formenkreis diagnostiziert worden, er sei damals einige

Wochen in der Klinik stationär behandelt worden. Seitdem sei er mehrmals erneut aufgenommen worden, immer gleich für mehrere Wochen. Auch nach den Entlassungen sei ihm die Tätigkeit in der Buchhandlung wegen der vielen Menschen, mit denen er dort sprechen müsse, zunehmend schwer gefallen. Vor drei Jahren habe er, auch durch Konflikte am Arbeitsplatz bedingt, seine Stelle gekündigt. Diesen Schritt habe er mit seinem behandelnden Psychiater besprochen, der ihn darin unterstützt habe, um seinen berufsbedingten Stress zu reduzieren. Den Psychiater Dr. Bernd K. kennt Thomas H. schon lange, er sei sehr froh, von ihm behandelt zu werden. In den Gesprächen lerne er viel über seine Krankheit und besser auf sich zu achten.

Thomas H. ist zwar sehr zurückhaltend, doch wenn er sich auf ein Gespräch einlässt, wird schnell deutlich, wie redegewandt er über sich und seine Situation sprechen kann. In Bezug auf seine aktuellen Kontakte erzählt Thomas H., dass er alleine in seiner Eineinhalb-Zimmer-Wohnung lebe. Zu einer Kollegin, die er noch aus der Ausbildung kennt, besteht ein sehr lockerer Kontakt, sie melde sich alle paar Wochen und erkundige sich, wie es ihm gehe. Wenn sie frage, ob sie sich wieder einmal treffen sollen, lehne er dies fast immer ab, da es ihn sehr anstrenge und er sich auch schäme, dass er psychisch krank sei. Seine frühere Kollegin Maria M. habe dafür Verständnis. Thomas H. würde sich gerne mit Maria M. treffen, mit ihr könne er wie sonst mit niemand über Bücher sprechen, aber ihm fehle die Kraft dazu.

Thomas H. wird von seinen Eltern finanziell und persönlich intensiv unterstützt, sie wohnen nur wenige Straßen von ihm entfernt. Auch zu seiner drei Jahre älteren Schwester, die ebenfalls mit ihrem Partner und drei Kindern nicht weit entfernt wohnt, hat er Kontakt, sie telefonieren häufiger. Die Schwester würde ihn auch mindestens einmal in der Woche zu Hause besuchen und im Haushalt unterstützen, den er nicht immer schaffe. Nebenbei erwähnt Thomas H. noch, dass zwei alte Schulfreunde, mit denen er nach dem Abitur noch häufiger unterwegs gewesen sei, u. a. im Theater, weiter den Kontakt zu ihm hielten, wenn auch mittlerweile nur noch selten. Ansonsten kennt Thomas H. einige Besucher*innen des Treffpunkts, mit denen er hin und wieder spricht oder mit denen er an der Kochgruppe teilnimmt. Ihm falle es schwer, Gespräche zu führen, meistens fällt ihm nichts ein, worüber er sprechen sollte. Am liebsten lese er Bücher, doch könne er sich nicht so gut konzentrieren, deshalb lese er nun viel weniger als früher. Thomas H. bedauert die Entwicklung sehr.

4.1 Charakteristika sozialer Netzwerke

In der netzwerkorientierten Gesprächsführung geht es um die Förderung von Netzwerkressourcen aus der Perspektive der Adressat*innen, insofern steht eine personenbezogene Perspektive auf soziale Netzwerke im Mittelpunkt und nicht die Breite der Netzwerk-Lesarten. Es werden verschiedene Netzwerkvarianten adressiert, die je nach ihrer Eigenart spezifische Formen sozialer Unterstützung bereitstellen. Etabliert hat sich die folgende Unterscheidung.

Typen von Netzwerken

Ein *primäres* oder auch mikrosoziales Netzwerk gilt als natürliches Netz, das sich aus Familienangehörigen und Freund*innen sowie Bekannten zusammensetzt. Die Beziehungen sind hier nicht formalisiert oder organisiert, sie zeichnen sich durch eine hohe Stabilität, eine starke Bindung und ihre Dauerhaftigkeit aus.

In *sekundären* oder makrosozialen Netzwerken dominieren nachbarschaftliche und an Vereinsmitgliedschaften oder Betriebszugehörigkeit gebundene Beziehungen, die durch eine schwächere Bindung und eine größere Flexibilität geprägt sind. Ihre Basis bilden formale Zugehörigkeit und Mitgliedschaften, beispielsweise durch Miet- und Arbeitsverträge oder die Immatrikulation an einer Hochschule. Für den Zugang zu diesen Beziehungen sind insbesondere soziale Ressourcen erforderlich.

Tertiäre oder mesosoziale Netzwerke stehen zwischen den primären und sekundären Netzwerken als eine vermittelnde Instanz. Hierzu

4.1 Charakteristika sozialer Netzwerke

zählen beispielsweise Selbsthilfegruppen wie die Anonymen Alkoholiker oder Zusammenschlüsse somatisch oder psychisch erkrankter Menschen sowie Beratungsangebote. Diese Netzwerke sind ein wichtiger Bestandteil der sozialen Infrastruktur (Schönig & Motzke 2012, 235).

Fallbeispiel

Bezogen auf Thomas H. ist festzuhalten, dass er durch seine Eltern und Schwester sowie alte Schulfreunde in ein primäres Netzwerk eingebunden ist. Der Kontakt zur früheren Kollegin resultiert aus seiner Zeit der Erwerbstätigkeit und damit aus einem sekundären Netzwerk. Hierzu zählt auch der gesetzlich formalisierte Kontakt zum Psychiater. Die Anbindung an den Treffpunkt der Ambulanten Sozialpsychiatrie verweist auf den Zugang zu einem tertiären Netzwerk.

Die wissenschaftliche Erforschung sozialer Netzwerke hat eine lange Vorgeschichte, in der mit Blick auf soziale Unterstützung vor allem die Arbeiten Jakob L. Morenos über die Soziometrie, Kurt Lewins über die Feldtheorie und die von John A. Barnes vorgelegte sozialanthropologische Studie über ein norwegisches Fischerdorf herausragen. Unabhängig von den einzelnen Akzenten kennzeichnet Netzwerke eine wechselseitige direkte und/oder indirekte Verbundenheit der einzelnen Mitglieder (Holzer 2010, 14f.). Netzwerke, die das Beziehungsumfeld eines Menschen darstellen, rahmen durch direkte und indirekte Sozialbeziehungen das individuelle Handeln, indem sie kulturelle Deutungsmuster, Symbole, Narrative und Idiome bilden (Fuhse 2019, 138). Menschen sind als soziale Wesen immer Mitglieder in unterschiedlichen Netzwerken, die sich mit ihren Regeln auf ihr Handeln bewusst oder unbewusst auswirken.

Soziale Netzwerke zeichnen sich nicht nur durch formale Unterscheidungskriterien aus, vielmehr geht es um die Qualität der darin angesiedelten sozialen Beziehungen und Interaktionen mit ihren Implikationen, die Veränderungen unterliegen. Aus Sicht der Adressat*innen sind soziale Netzwerke ein aktueller Ausschnitt ihrer Beziehungen, die für sie in ihrer je unterschiedlichen Lebenssituation mit zu bewältigenden Herausforderungen wie Übergänge, persönliche Probleme oder Krisen Varianten der sozialen Unterstützung bereitstellen. Soziale Netzwerke sind für die Lebensführung und die persönliche Entwicklung relevant (Kupfer & Nestmann 2018, 172 f.). Thomas H. im Fallbeispiel hätte sicherlich ohne die Unterstützung durch seine Eltern und Schwester viel größere Probleme in seinem derzeit von einer psychischen Erkrankung dominierten Alltag. Soziale Netzwerke sollten allerdings nicht einseitig idealisiert werden. Neben vielfältigen Formen der sozialen Unterstützung kommt es in ihnen auch zu Abhängigkeiten, überfordernden Verpflichtungen oder Begrenzungen von Entwicklungsmöglichkeiten (Otto 2018, 1483). Hinweise auf problematische Beziehungen finden sich in der systemisch-prozessualen Theorie der Sozialen Arbeit in Bezug auf gerechte und ungerechte Austauschbeziehungen, die an sogenannte *Tauschmedien* gebunden sind. Verfügen Menschen nicht über Tauschmedien oder Machtquellen wie eine angemessene Ausstattung mit sozioökonomischen, kulturellen, körperlichen, beziehungsorientierten oder erkenntnis- und handlungsbezogenen Ressourcen, steigt das Risiko, dass in horizontalen oder auf Gegenseitigkeit angelegten persönlichen Beziehungen Ungleichgewichte und einseitige Abhängigkeiten bis hin zu Ausbeutungsverhältnissen entstehen. *Ausstattungslücken* machen Menschen anfälliger für eine fehlende Austauschgerechtigkeit, beispielsweise können sie in der Arbeitswelt ihre Interessen nicht adäquat durchsetzen. Insgesamt führen fehlende Tauschmedien vielfach dazu, dass Bedürfnisse nach emotionaler und kognitiver Zuwendung nicht hinreichend befriedigt werden können (Staub-Bernasconi 2018, 214 f.). Schon die Erschließung von Ressourcen, die auch als Tauschmedien verstanden werden, ist nach diesem Verständnis ein Beitrag zur Förderung fairer Netzwerkbeziehungen im informellen und im formellen Bereich.

4.2 Soziale Unterstützung

Für die netzwerkorientierte Gesprächsführung ist die Berücksichtigung sozialer Netzwerke relevant, wenn es darum geht, fallbezogen soziale Unterstützungsmöglichkeiten so weit wie möglich ergänzend oder die professionelle Hilfe ersetzend im Umfeld der Adressat*innen zu realisieren.

> **Gut zu merken**
>
> Soziale Unterstützung erfüllt jenseits eines Problembezugs insbesondere Bedürfnisse nach Sicherheit und Geborgenheit, nach verlässlichen Beziehungen, nach sozialer Teilhabe und Kommunikation, nach dem Erleben von Bedeutsamkeit für andere Menschen und nach sozialer Orientierung (Filipp & Aymanns 2018, 256 f.).

Diese Bedürfnisliste unterstreicht, dass die Erschließung von sozialer Unterstützung nicht nur bei akuten Problemen eine Rolle spielt, sondern für das soziale Lebensgefühl insgesamt bedeutsam ist.

Soziale Unterstützung erfolgt in ganz unterschiedlichen Formen, die in verschiedenen Systematiken zum Ausdruck kommt. So wird zwischen direkten Varianten sozialer Unterstützung wie die Vermittlung problemlösungsbezogener Informationen oder die Übernahme von Haushalts- oder Kinderbetreuungsaufgaben und indirekten Varianten differenziert, die in anerkennenden, stützenden, von Zuneigung getragenen Umgangsformen gesehen werden (Wendt 2021, 155). In einer etwas feingliederigen Darstellung sozialer Unterstützungsleistungen werden die folgenden Formen voneinander abgegrenzt.

> **Formen sozialer Unterstützung**
>
> - *Emotionale Unterstützung:* Sie erfolgt in Gestalt von Fürsorge, Zuspruch, Zuwendung und Anteilnahme.

- *Instrumentell-praktische Unterstützung:* Bezugspunkte sind auf den Haushalt und die materiellen Lebensgrundlagen ausgerichtete Hilfen.
- *Informative Unterstützung:* Gemeint sind damit problembezogene Hinweise, Ratschläge und Gespräche.
- *Interpretativ-bewertungsorientierte Unterstützung:* In dieser Variante geht es um die Auseinandersetzung mit dem Problemverständnis und den Bewältigungskompetenzen (Weinhold & Nestmann 2012, 54 f.).

Fallbeispiel

Im Fall von Thomas H. kann festgehalten werden, dass er verschiedene Formen sozialer Unterstützung erfährt. Seine Eltern unterstützen ihn persönlich und leisten damit einen emotionalen Beistand. Seine Schwester hilft Thomas H. u. a. in der Haushaltsführung, er ist auf diese instrumentell-praktische Unterstützung angewiesen. Unterstützende Informationen und eine bewertungsorientierte Unterstützung erhält Thomas H. von seinem behandelnden Psychiater.

Das Spektrum sozialer Unterstützung deckt eine Vielzahl von Lebensbereichen und Problemlagen ab. Menschen sind – je nach ihren konkreten Lebensumständen – in einem unterschiedlichen Ausmaß darauf angewiesen.

Gut zu merken

Die netzwerkorientierte Gesprächsführung kommt in einem Unterstützungsprozess zum Einsatz, wenn der Zugang zu informeller und formeller sozialer Unterstützung nicht mehr (ausreichend) in Eigenregie gelingt.

Soziale Unterstützung in intakten Netzwerkbeziehungen tragen allgemein zu einem besseren Wohlbefinden bei und schützen gegen belastende

Wirkungen von Stressfaktoren (Otto 2018, 1484). Hinzu kommt eine sogenannte Pufferwirkung, mit der kritische Lebensereignisse und im Alltag nahezu unvermeidlicher Stress in ihren Auswirkungen durch das Gefühl, den Anforderungen mit Unterstützung gewachsen zu sein, abgefedert werden (Tracy & Brown 2017, 484). In der Netzwerkforschung werden die erwähnten Wirkungen in der Direkt-Effekt-These und der Puffer-Effekt-These zusammengeführt. Die *Direkt-Effekt-These* greift die durch die erlebte soziale Einbindung und positive Erfahrungen bedingten Auswirkungen auf das bio-psycho-soziale Wohlbefinden und damit die Lebensqualität auf. Im Mittelpunkt stehen die Befriedigung sozialer Bedürfnisse und eines Zugehörigkeitsgefühls, das Sicherheit und Rückhalt sowie Selbstwerterleben vermittelt und die Identitätsbildung unterstützt. Die *Puffer-Effekt-These* mit ihrer indirekten Wirkung mildert akute Belastungen, sie stellt gewissermaßen einen Schutzschild dar, der durch den erleichterten Umgang mit Belastungen und den Zugang zu Bewältigungsmöglichkeiten zur Geltung kommt (Herriger 2020, 173 f.).

Fallbeispiel

Bezogen auf das Fallbeispiel Thomas H. kann man davon ausgehen, dass aus seinen Netzwerkbeziehungen sowohl direkte Effekte wie eine unmittelbare Entlastung im Alltag als auch Pufferwirkungen vorliegen, die ihn durch soziale Einbindungen in seiner vulnerablen Lage gegen Überforderungen schützen. Beispielsweise sind hier die niedrigschwelligen Kontaktmöglichkeiten zu seiner Familie und im Treffpunkt zu nennen.

Die aufgezeigten idealen Formen und Wirkungen der sozialen Unterstützung sind an mehrere *Voraussetzungen* gebunden, die in der netzwerkorientierten Gesprächsführung bearbeitet werden. Grundlegend kommt es darauf an, dass ein Unterstützungsbedarf im sozialen Netz gegenüber den Mitgliedern erkennbar gemacht wird. Wer nur wenig oder eher versteckt preisgibt, dass er auf Unterstützung angewiesen ist, braucht ein sehr sensibles soziales Umfeld, um unterstützende Maßnahmen in Gang zu setzen. Die Bereitschaft, eine Problemlage anderen gegenüber offenzulegen, hängt u. a. mit den Anlässen und Themen zusammen, beispielsweise kann

Schamgefühl sehr hemmend wirken (Filipp & Aymanns 2018, 239). Für die Realisierung von sozialer Unterstützung ist es überdies notwendig, dass Personen erreichbar, also in der Lage und bereit sind, je nach Fallkonstellation spezifisch erforderliche Hilfen zu erbringen. Zusätzlich kommt es darauf an, dass Adressat*innen die soziale Unterstützung auch als Hilfe erkennen und annehmen (Otto 2018, 1485).

> **Fallbeispiel**
>
> Thomas H. hat das Glück, Menschen zu kennen, die sich um ihn bemühen. Zu beobachten ist allerdings, dass sich die alten Schulfreunde nur noch selten melden, der Kontakt droht ganz abzubrechen. Auch seine frühere Kollegin Maria M., die sich weiterhin meldet, weiß vielleicht nicht, ob ihre Anrufe und Bemühungen bei Thomas H. willkommen sind. In der Netzwerkanalyse und der darauf aufbauenden Netzwerkintervention sollten diese Aspekte berücksichtigt werden.

4.3 Analyse sozialer Netzwerke

Die grundlegenden Informationen über soziale Netzwerke und soziale Unterstützung bilden den Hintergrund der Analyse egozentrierter Netzwerkbeziehungen der Adressat*innen. Soziale Netzwerke sind dynamisch, insofern handelt es sich immer nur um eine Momentaufnahme der aktuell relevanten sozialen Beziehungen aus der subjektiven Sicht der Ratsuchenden, die in einer *Netzwerkkarte* erfasst werden. Bei der Auswahl der relevanten sozialen Beziehungen werden Adressat*innen gebeten, zu überlegen, von welchen Personen sie in den zurückliegenden sechs Monaten in der einen oder anderen Form soziale Unterstützung erhalten haben (Kupfer & Nestmann 2018, 173 f.).

4.3 Analyse sozialer Netzwerke

Netzwerkkarte

Die Netzwerkkarte ist eine einfach zu handhabende Analysegrundlage und ein theoretisch gut fundiertes bildgebendes Verfahren. Sie wird manuell oder digital gemeinsam im Gespräch erstellt. Hierfür steht u. a. die auf Pantuček-Eisenbacher zurückgehende kostenfreie Software »easyNWK« zur Verfügung.

Für die Arbeit mit der Netzwerkkarte sollte bis zu einer Stunde Zeit eingeplant werden, in der Adressat*innen über die Netzwerkkarte informiert und zur Erarbeitung und Besprechung eingeladen werden. Die Netzwerkkarte besteht aus den *vier Beziehungssektoren* Familie, Freund*innen und Bekannte, Kolleg*innen und andere formale Kontakte. Eingetragen in die Sektoren werden Personen mit ihren Namen oder Funktionsbezeichnungen wie Hausarzt oder Sozialarbeiterin, auch wenn diese Organisationen angehören. Im Zentrum der Netzwerkkarte steht die sogenannte *Ankerperson*, also der*die Ratsuchende, um die herum sozial relevante Netzwerkbeziehungen in den einzelnen Sektoren als Knoten eingetragen werden. Verbindungen zwischen der Ankerperson und einzelnen Personen sowie zwischen Mitgliedern im sozialen Netzwerk werden mit Kanten markiert. Bestehen aktuell keine Beziehungen, aber sind die Personen für Adressat*innen bedeutsam, werden sie ohne Kanten in die Netzwerkkarte eingetragen. Die Platzierung in den Sektoren wird ergänzt durch eine von den Adressat*innen subjektiv empfundene Nähe oder Distanz zu den Mitgliedern ihres Netzwerks.

In der Netzwerkkarte, die primär der Abbildung der Netzwerkstruktur dient, wird auf eine weitergehende Bewertung der Beziehungen, beispielsweise hinsichtlich bestehender Konflikte oder Ambivalenzen, verzichtet, schließlich können beide für die Entwicklung von Adressat*innen bedeutsam sein. Über die Qualität der Beziehungen wird in der gemeinsamen Auswertung der Netzwerkkarte gesprochen. Können Personen gleich mehreren Sektoren wie Freund*innen und Bekannte oder Kolleg*innen zugeordnet werden, entscheiden Adressat*innen, in welchem Sektor die Personen aus heutiger Sicht am ehesten einzutragen sind (Pantuček-Eisenbacher 2019, 189 f.). An dieser Stelle ist erwähnenswert, dass nicht nur

4 Netzwerkorientierte Gesprächsführung

starke Beziehungen mit einer hohen Kontaktfrequenz, einer langen Dauer und einer emotionalen Intensität erstrebenswert sind, sondern auch schwache Beziehungen, in denen eher unterschiedliche Erfahrungen zur Geltung kommen und Verbindungen zu anderen Lebensbereichen leichter hergestellt werden, etwa zu potenziellen Arbeitgeber*innen oder Vermieter*innen (Holzer 2010, 17 f.). Am Beispiel der Netzwerkkarte von Thomas H., die mit der erwähnten Software eawyNWK erstellt wurde, lassen sich die Hinweise veranschaulichen (▶ Abb. 1).

Fallbeispiel

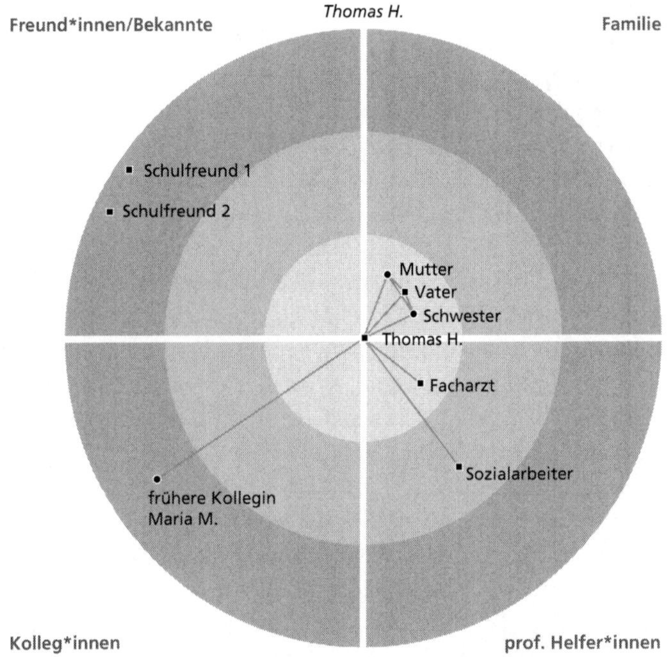

Abb. 1: Netzwerkkarte von Thomas H. (erstellt mit easyNWK)

Die Netzwerkanalyse beginnt bereits im Gespräch mit der Auswahl der zu berücksichtigenden Personen und der mit ihnen verbundenen Erfahrungen. Es werden in systematischer Sicht die folgenden Kriterien herangezogen.

- *Netzwerkgröße:* Berücksichtigt werden die Anzahl der Knoten ohne Ankerperson und die Kontakte mit und ohne Kanten. Bei ausgebauten Netzwerken geht es um 40 und mehr starke und schwache Beziehungen. In der Sozialen Arbeit trifft man eher auf geringer ausgebaute Netzwerke, häufig verfügen die Adressat*innen nicht über ausreichende Ressourcen für den Aufbau und die Netzwerkpflege.
- *Dichte:* Damit sind Personen gemeint, die miteinander in einer Beziehung stehen im Verhältnis zur Gesamtzahl der Netzwerkmitglieder. Bei dem Wert Null bestehen nur Beziehungen zur Ankerperson, bei Eins sind alle miteinander verbunden. Eine hohe Dichte liegt bei einem Wert von über 0,5 vor. Sie birgt das Risiko, dass die Autonomie der Person eingeschränkt ist aufgrund der damit einhergehenden großen sozialen Kontrolle.
- *Verteilung auf Sektoren:* Je nach Alter und Lebenslage ist eine unterschiedliche Verteilung der Personen auf die einzelnen Sektoren zu erwarten.
- *Intersektorale Beziehungen:* In gut strukturierten Netzwerken sind diese eher selten. Eine hohe Zahl intersektoraler Verbindungen schränkt ebenfalls die Autonomie ein.
- *Cluster:* Mehrere miteinander verbundene Knoten wie eine Freund*innenclique, Verwandtschaftskreise mit lokal hoher Dichte bilden ein Cluster. Innerhalb eines Clusters können erforderliche Unterstützungsmaßnahmen gut aufgeteilt werden.
- *Positionen im Netzwerk:* Isolierte verfügen nur über eine Kante zur Ankerperson und sind somit ideal für vertrauliche Gespräche. Stars sind wegen der hohen Zahl der Kanten im Netzwerk einflussreich. Die Position der Brücke ist gegeben, wenn eine Person mehreren Clustern angehört.
- *Multiplexe Beziehungen:* In diesem Fall steht wenigstens eine Person einer anderen Person in mehreren Rollen wie Nachbarin, beste Freundin oder Beraterin zur Verfügung. Multiplexe Beziehungen können bei einer umfänglichen Beanspruchung leichter überfordert werden.

- *Uniplexe Beziehungen:* Beziehungspartner*innen stehen sich in dieser Variante in nur einer Rolle gegenüber und erfüllen damit eine umgrenzte Funktion.
- *Prognose Zukunftserwartung:* Bei diesem Analysekriterium geht es um die Frage der Stabilität des Netzwerks. Verwandtschaftsbeziehungen halten in der Regel an, Beziehungen zu professionellen Helfer*innen sind temporär. Gefragt wird auch, wie sich das Netzwerk entwickeln könnte und was man für eine gewünschte Perspektive tun sollte (Pantuček-Eisenbacher 2019, 204 f.).

Für die Netzwerkanalyse sind *ergänzende Informationen* über Verluste und Veränderungen sowie Beziehungswünsche, Hoffnungen und Sorgen, unerfüllte Erwartungen und negative Erfahrungen instruktiv. Auch derzeit nicht ausgeschöpfte soziale Unterstützungspotenziale, die von Personen kommen könnten, die gar nicht wissen, wie es um Adressat*innen steht, sollten einbezogen werden. In Bezug auf Fragen der sozialen Unterstützung geht es im Gespräch mit den Adressat*innen um aus ihrer Sicht vorhandene und zugängliche Formen der Unterstützung, ihre Zufriedenheit damit, ihre weitergehenden Wünsche und Erwartungen und ihre Bemühungen zur Erschließung (Lenz 2011, 236 f.).

Fallbeispiel

Bezogen auf Thomas H. fällt in seiner Netzwerkkarte schon optisch auf, dass seine Bezüge sehr ausgedünnt sind, mithin eine geringe Dichte besteht. Für einen 32-Jährigen ist diese Beobachtung auffällig, es finden sich beispielsweise keine Hinweise auf eine Partnerschaft oder auf gelebte Freundschaften. Die noch fragilen Bezüge im Treffpunkt werden nicht als einzutragende Beziehungen genannt. Wegen seiner schon länger bestehenden Erwerbslosigkeit bestehen keine kollegialen Bezüge mit Ausnahme der ehemaligen Kollegin Maria M. Thomas H. hat gegenwärtig auch keinen Zugang zu anderen formalen Kontakten. Die Beziehungen sind jeweils sektorenbezogen, insbesondere zu seinen Eltern und seiner Schwester besteht eine enge Beziehung, diese kann sie langfristig stark fordern oder auch überfordern, da abgesehen vom Facharzt und in deutlich größerer Distanz vom Sozialarbeiter keine weiteren aktuellen Unterstützungsquellen verfügbar sind. Ohne gezielte Maßnahmen könnten die Kontakte zur ehemaligen Kollegin und den früheren Schulfreunden endgültig verloren gehen. Thomas H. berichtet schließlich, dass er häufig alleine zu Hause sei. Wenn es nicht gelingt, diese soziale Isolation zu verringern, resultiert daraus ein Stressfaktor, der sich ungünstig auf den weiteren Verlauf seiner psychischen Erkrankung auswirken kann.

4.4 Netzwerkinterventionen

Netzwerkinterventionen zielen darauf, mit Adressat*innen soziale Unterstützungspotenziale auszuloten und dort, wo Lücken bestehen, neue Zugänge zu eröffnen. In der sozialarbeiterischen Gesprächsführung umfassen Netzwerkinterventionen – je nach Fallkonstellation – insbesondere die Erhaltung und Erweiterung sowie die Veränderung und Neugestaltung sozialer Netzwerke (Wendt 2021, 156). Die Veränderung der Netzwerkumgebung kann sowohl auf zu lösende Probleme wie eine gefühlte Einsamkeit oder eine Überforderung mit der Haushaltsführung bezogen als auch auf eine allgemeine Verbesserung der sozialen Einbindung ausgerichtet sein. Im Fall von Thomas H. sind beide Zielrichtungen angezeigt. In der netzwerkorientierten Gesprächsführung stehen Ratsuchende im Mittelpunkt. Üblicherweise werden Personen ihres Netzwerks nicht unmittelbar einbezogen. Daher richten sich Netzwerkinterventionen in diesem Rahmen vor allem auf die Netzwerkorientierung der Adressat*innen, auf ihre Netzwerkkompetenzen und auf möglicherweise bestehende persönliche Barrieren der Netzwerknutzung.

Netzwerkinterventionen, die auf eine Verbesserung des Netzwerkbewusstseins und eine Sensibilisierung für Netzwerkaspekte zielen, tragen dazu bei, vorhandene Potenziale an sozialer Unterstützung zu erkennen und im Alltag zu nutzen. Schon die gemeinsame Erarbeitung und Analyse der Netzwerkkarte, bei der über Personen im Netzwerk und deren Bedeutung für Adressat*innen ausführlich gesprochen wird, fördert ein Bewusstsein über bestehende soziale Einbindungen. In der Nachbesprechung werden aktive und inaktive Beziehungen, Gestaltungsmöglichkeiten, Wünsche sowie Probleme in das Blickfeld der Adressat*innen gerückt (Pantuček-Eisenbacher 2019, 216). Ein Bewusstsein über vorhandene Varianten der sozialen Unterstützung wird auch durch eine *ressourcenaktivierende Gesprächsführung* gefördert. Hierbei wird nach Personen gefragt, die Adressat*innen jederzeit aufsuchen können, die sie als vertrauenswürdig einschätzen, die für ihr Leben wichtig sind, mit denen sie Probleme besprechen können oder die sie unterstützen, z. B. bei Problemen der Haushaltsführung oder im Umgang mit Behörden (Wendt 2021, 158 f.). Eine Vertiefung des Bewusstseins über vorhandene soziale Ressourcen in bestehenden Netzwerken wird erreicht, wenn Adressat*innen erzählen, wie sie hilfreiche Menschen kennengelernt haben, was sie diesen Personen bedeuten und was sie tun, um die Beziehungen aufrechtzuerhalten. Entscheidend ist, dass die identifizierten Formen sozialer Unterstützung in bestehenden Netzwerkbeziehungen herausgestellt werden. Adressat*innen sollten um ihre Einschätzung gebeten werden und auf die ermittelten Potenziale für zu bewältigende Aufgaben zurückgreifen (Saleebey 2009, 3 f.).

Fallbeispiel

Übertragen auf Thomas H. wird im Gespräch verdeutlicht, dass er trotz bestehender Lücken in seinem sozialen Netzwerk auf sehr verlässliche Beziehungen zu seiner Familie und zum Facharzt zurückgreifen kann. Betont werden auch die Bemühungen der ehemaligen Kollegin, die offenkundig zu ihm steht, und der früheren Schulfreunde, die sich immer noch gelegentlich bei ihm melden. Darin liegen Möglichkeiten, die vielleicht aktiviert werden können. Auch die ersten Kontakte im Treffpunkt, die u. a. durch die Teilnahme an der Kochgruppe entstehen, könnten vertieft werden, um nicht immer nur alleine in der Wohnung zu sitzen. In diesem Zusammenhang bietet sich die Frage an, wie sich Thomas H. sein Wunschnetzwerk vorstellt, mit welchen Menschen in seinem Netzwerk er gerne mehr Kontakt hätte und ob er sich noch weitere Beziehungen vorstellen kann.

4.4 Netzwerkinterventionen

Nicht immer reichen Hinweise auf bestehende oder grundsätzlich mögliche Kontakte aus, um Netzwerklücken zu schließen. Adressat*innen verfügen zuweilen nicht über ausreichende soziale Kompetenzen, die es ihnen ermöglichen, mit anderen Menschen Beziehungen aufzubauen und zu erhalten. Die Förderung sozialer Kompetenzen in der netzwerkorientierten Gesprächsführung ist eine weitere wesentliche Netzwerkintervention. In der Gesprächsführung können nur Ausschnitte der sozialen Kompetenzförderung realisiert werden, die ansonsten überwiegend in Gruppenarbeit und sozialen Trainings erfolgt. Soziale Kompetenzen werden im Prozess der Sozialisation durch soziale Lernprozesse erworben, die dazu beitragen, dass Menschen sich reflektieren, andere Perspektiven einnehmen, moralische Grundsätze des Miteinanders beachten und mit widersprüchlichen Erwartungen und Interessenkonflikten umgehen können (Grundmann 2006, 55). Konnten diese Fähigkeiten nicht ausreichend erworben werden, sind gezielte Interventionen geboten, mit denen Netzwerkprobleme, die auf Seiten der Adressat*innen liegen, bewältigt werden können. In der gezielten Förderung sozialer Kompetenzen geht es um die Vermittlung von Normen und Werten und den Umgang mit eigenen Interessen sowie kognitiven, emotionalen und handlungsbezogenen Verhaltensweisen, die für Beziehungen und Interaktionen relevant sind (Stenzel & de Veer 2021, 4). Systematisch betrachtet umfassen soziale Kompetenzen drei Typen: Erstens den Typ »Recht durchsetzen«, also eigene Rechte und Interessen gegenüber Dritten vertreten und nicht berechtigte Forderungen abzulehnen. Zweitens geht es um den Typ »Beziehung gestalten« mit dem Schwerpunkten, eigene Themen, Gefühle, Bedürfnisse und Wünsche angemessen in Beziehungen einzubringen, mit Kritik umzugehen und Kompromisse zu schließen. Im Typ 3 »Kontakt aufnehmen« geht es um Fähigkeiten, Kontakte zu bisher fremden Personen herzustellen und diese zu gestalten (Pfingsten 2018, 478).

In der netzwerkorientierten Gesprächsführung geht es in der Förderung sozialer Kompetenzen in erster Linie um den Aufbau von Fähigkeiten zur Initiierung und Aufrechterhaltung von Kommunikation und Kontakt zu anderen Menschen sowie um die Gestaltung von Beziehungen. Gebraucht werden dafür ein sensibler Umgang mit Signalen, die eine Gesprächsbereitschaft anderer Menschen erkennbar machen, die Fähigkeit zur angemessenen Einschätzung der erforderlichen sozialen Distanz und elementare Gesprächsführungstechniken wie aktives Zuhören, offene und konstruktive Fragen, Paraphrasen und Verbalisierungen (für Details dieses Gesprächsführungsinventars ▶ Kap. 2.3). In der Gesprächsführung werden Adressat*innen gebeten, über zuletzt erlebte soziale Situationen zu berichten, die aus ihrer Sicht nicht gelungen sind. Von hier aus werden gezielt Kontaktanforderungen konstruiert, die darauf zielen, Ratsuchenden die Möglichkeit zu bieten, sich bislang fehlende Elemente sozialer Kompetenzen anzueignen. Hierbei werden möglicherweise dysfunktionale Gedanken, Gefühle und Verhaltensweisen erörtert und eine zu bewältigende soziale Situation gedanklich durchgespielt. Adressat*innen werden durch Rückmeldungen darin bestärkt, konstruktive Ideen über ihr soziales Verhalten weiter zu verfolgen.

Gesprächsführungsmöglichkeiten werden gefördert, indem Adressat*innen beispielsweise über Hobbys, Reisen oder andere ihnen wichtige Themen erzählen und Fachkräfte exemplarisch vormachen, wie aktives Zuhören, gesprächsfördernde Fragen, Paraphrasen und Verbalisierungen umgesetzt werden können. Ratsuchende werden im Anschluss ermutigt, diese Gesprächsführungstechniken im Umgang mit Fachkräften selbst zu erproben (Stenzel & de Veer 2021, 34f.). Die Förderung sozialer Kompetenzen im Einzelgespräch bietet den Vorteil, Anforderungen differenziert auf Adressat*innen mit ihren Alltagsproblemen abzustimmen und sie anleitend in der Handhabung einzelner Anforderungen zu unterstützen, um erste Erfolge zu ermöglichen. Über das Durchsprechen sozialer Situationen hinausgehend sind in der Gesprächsführung auch Rollenspiele mit Fachkräften möglich. Hierbei werden soziale Situationen vorbereitet und geübt, z. B. einen fremden Menschen in einem Café oder Kino anzusprechen. Gemeinsam wird der Gesprächsverlauf besprochen und ggf. Lösungsalternativen entwickelt. Nach diesem Schritt können Übungen verabredet werden, die Adressat*innen in ihrem Alltag alleine durchführen und die sorgfältig nachbereitet werden (Alsleben & Hand 2013, 37f.). Soweit die Bereitschaft zur Erprobung neuer Fähigkeiten im Alltag noch nicht vorhanden ist, wird auf Elemente der motivationsorientierten Gesprächsführung (▶ Kap. 3) zurückgegriffen.

4.4 Netzwerkinterventionen

Fallbeispiel

Im Fall von Thomas H. könnte besprochen werden, wie er auf seine früheren Schulfreunde oder auf andere Besucher*innen im Treffpunkt zugehen könnte, um zunächst einen Gesprächskontakt herzustellen. Hierbei werden seine Befürchtungen und seine subjektiv erlebten Grenzen, vielleicht auch schwierige Erfahrungen in der Vergangenheit, aufgegriffen und nach für ihn umsetzbaren Lösungen gesucht. Gelingt es, negative Erwartungen wie eine befürchtete Zurückweisung oder eine Missachtung, die nicht real begründet sind, abzubauen, wird auf dieser Grundlage besprochen, wie Thomas H. beispielsweise Kontakt zu den früheren Schulfreunden aufnehmen kann, vielleicht über eine E-Mail, soziale Medien oder einen Anruf. Mit Thomas H. könnte gedanklich und/oder real durchgespielt werden, wie er ein Gespräch beginnt, welche Fragen ihm wichtig sind, wie er auf Antworten reagieren könnte und wie er formulieren sollte. Ein Rollenspiel, in dem die Fachkraft einen früheren Schulfreund spielt, kommt vertiefend in Frage. Nach diesen Vorbereitungen könnte Thomas H. gebeten werden, bis zum nächsten Termin einen Kontaktversuch zu unternehmen, der dann ausführlich hinsichtlich seiner Erfahrungen besprochen wird und günstigenfalls zu weiteren Schritten ermutigt.

Soweit die Förderung eines Netzwerkbewusstseins und sozialer Kompetenzen noch nicht für Fortschritte in der Erschließung sozialer Unterstützung ausreicht, kann in einem weiteren Schritt geprüft werden, ob Ratsuchende durch persönliche Barrieren in ihren sozialen Handlungsmöglichkeiten begrenzt sind. Soziale Unterstützung durch Netzwerkmitglieder setzt voraus, dass diese wissen, wer auf welche Form von Hilfen angewiesen ist. Adressat*innen müssen dafür ihren Bedarf an Unterstützung zu erkennen geben. Negative Erfahrungen von Zurückweisung, Enttäuschungen, Stigmatisierung oder Kontaktverlusten können ebenso im Weg stehen wie Schamgefühle und eine Bedrohung des Selbstwertgefühls (Herriger 2020, 129f.).

Werden Adressat*innen durch eine innere Unentschlossenheit daran gehindert, ihren Unterstützungsbedarf sichtbar zu machen, kommen in einer Intervention Gesprächsführungsansätze zur Geltung, die auf die

4 Netzwerkorientierte Gesprächsführung

Überwindung von Ambivalenzen gerichtet sind (▶ Kap. 3.2). Weitere Barrieren der Inanspruchnahme von sozialer Unterstützung liegen in den folgenden Punkten.

Barrieren der Inanspruchnahme von sozialer Unterstützung

- *Geringes Selbstwertgefühl:* Wer sich nicht schätzt, geht häufig davon aus, dass andere ihn auch nicht schätzen, und neigt eher dazu, sich negativ darzustellen, so dass Unterstützung gar nicht erst angeboten wird.
- *Misstrauen gegenüber anderen Menschen:* Wer von anderen Menschen nichts Gutes erwartet, wird auf Unterstützungsangebote eher zurückweisend reagieren, so dass sie allmählich ausbleiben.
- *Angst vor Abhängigkeit:* Wer das Selbstbild vertritt, stets für sich alleine verantwortlich zu sein, empfindet die Bitte um Unterstützung als Schwäche, so dass mögliche Unterstützungsangebote zurückgewiesen werden.
- *Fehlendes Einfühlungsvermögen:* Wer Empathie gegenüber anderen Menschen vermissen lässt und ständig um sich kreist, lädt andere nicht dazu ein, Unterstützung anzubieten.
- *Stigmatisierter Status:* Wer mit negativen Zuschreibungen konfrontiert wird, entwickelt tendenziell eher eine Identität, die der Zuschreibung entspricht. Andere wenden sich dann ab und Unterstützung bleibt auf der Strecke (Pearson 1997, 53 f.).

Zur Überwindung dieser Barrieren im sozialen Netzwerk tragen korrigierende Erfahrungen bei, die Adressat*innen durch positive Erlebnisse bei der Inanspruchnahme sozialer Unterstützung im Anschluss an eine Veränderung des Netzwerkbewusstseins oder die erfolgreiche Anwendung sozialer Kompetenzen machen. Auch Rückmeldungen in einer unterstützenden und wertschätzenden Beratungsbeziehung (▶ Kap. 2) leisten einen Beitrag dazu, negative Selbstauffassungen und Fremdbilder abzubauen. Resultieren Zugangsschranken zu sozialer Unterstützung aus der Einschätzung, bei einer Inanspruchnahme persönlich gescheitert zu sein, kann es helfen, den Hintergrund bestehender Probleme von der Person zu lösen und in einen sozialen Kontext zu stellen (Pearson 1997, 155). Eine weitere Möglichkeit, mit persönlichen Barrieren von Adressat*innen umzugehen, besteht darin, vorhandene Bedenken zu normalisieren und sie nicht zu pathologisieren. So kann gemeinsam eruiert werden, woher die Bedenken gegen die Inanspruchnahme sozialer Unterstützung stammen, vielleicht aus der Erziehung und Sozialisation oder aus aktuellen sozialen oder gesellschaftlichen Einflüssen. Die Hintergründe werden damit der Reflexion zugänglich gemacht und lassen sich verringern (Schwing & Fryszer 2015, 239 f.).

Ebenfalls der systemischen Gesprächsführung entnommen ist die *Zeugenarbeit*, mit der die Perspektiven der Adressat*innen um weitere Stimmen ergänzt werden. Zeug*innen können Fachkräfte oder Personen aus dem Umfeld der Adressat*innen sein, deren Sichtweisen auf den Umgang mit sozialer Unterstützung zur Sprache gebracht werden (ebd., 254 f.). Adressat*innen können in ihrer kritischen Haltung gegenüber sozialen Netzwerkressourcen beispielsweise durch Selbstaussagen der Fachkräfte, die auch Unterstützungsangebote annehmen, in ihrer Haltung irritiert werden. Ein anderer Weg besteht darin, wichtige Personen aus dem Umfeld der Adressat*innen, die der Annahme sozialer Unterstützung positiv gegenüberstehen, mittels systemischer Fragen in die netzwerkorientierte Gesprächsführung einzubeziehen und es dadurch Adressat*innen zu erleichtern, sich von ihren bisherigen Sichtweisen zu distanzieren, die eine Beanspruchung sozialer Unterstützungsmöglichkeiten blockieren.

Fallbeispiel

Übertragen auf den Fall von Thomas H. verweisen die Überlegungen zu den Barrieren der Inanspruchnahme sozialer Unterstützung darauf, sein Schamgefühl in Verbindung mit der psychischen Erkrankung ausdrücklich zu berücksichtigen. Gelingt es, die Erkrankung zu normalisieren, und werden Stimmen anderer Menschen wie seiner Eltern oder seiner Schwester herangezogen, die Thomas H. nicht auf seine Erkrankung reduzieren, sondern als Sohn und Bruder würdigen, kann sein sozial defensives Verhalten vielleicht abgebaut werden. Auch die frühere Kollegin könnte als weitere Stimme ins Spiel gebracht werden. Nicht zu unterschätzen ist die unmittelbare Erfahrung mit dem Facharzt und dem Sozialarbeiter der Ambulanten Sozialpsychiatrie, die mit ihren Rückmeldungen Thomas H. ermutigen können, sich vermehrt auf soziale Kontakte und damit auch auf eine potenzielle soziale Unterstützung einzulassen.

Auf den Punkt gebracht

In diesem Kapitel über die netzwerkorientierte Gesprächsführung wurde zunächst über primäre, sekundäre und tertiäre Netzwerke mit ihren Besonderheiten in Bezug auf den Grad der Formalisierung von Beziehungen informiert. Adressat*innen der Sozialen Arbeit sind aufgrund vielfach fehlender Tauschmedien in sozialen Netzwerken eher für Ausbeutungen und ungerechte Tauschverhältnisse anfällig. Soziale Netzwerke enthalten vielfältige Potenziale sozialer Unterstützung, die vor allem in emotionalen, informativen, interpretativ-bewertenden und praktischen Varianten zum Ausdruck kommen. Immer dann, wenn soziale Unterstützung naturwüchsig nicht ausreichend erfolgt, bietet sich die Netzwerkarbeit an. Die Grundlagen für in Frage kommende Interventionen werden mit der Netzwerkanalyse gelegt, die hier auf der Basis der Netzwerkkarte eingeführt wurde. Sie ist in der Gesprächsführung gut zu realisieren und vermittelt einen soliden Einblick in die Netzwerkstrukturen der Adressat*innen. Für die Förderung sozialer Unterstützung durch die netzwerkorientierte Gesprächsführung bieten sich die Arbeit am Netzwerkbewusstsein einschließlich der Klärung von Netzwerkwünschen, die Vermittlung sozialer Kompetenzen und der Abbau persönlicher Zugangsbarrieren zu Hilfemöglichkeiten im sozialen Umfeld an.

Reflexionsfragen

- Die Erarbeitung einer Netzwerkkarte kann für Ratsuchende wegen fehlender Beziehungen, die bewusst werden, belastend sein. Wie gehen Sie damit um?
- Nicht alle wollen in Beziehungen leben. Können Sie es akzeptieren, dass Ratsuchende allein sein wollen?

4.4 Netzwerkinterventionen

- Welche Handlungsmöglichkeiten zur Förderung von Beziehungen, die über die genannten Möglichkeiten hinausgehen, fallen Ihnen ein?

Weiterführende Literatur

Fischer, Jörg & Kosellek, Tobias (Hrsg.) (2019): Netzwerke und Soziale Arbeit. Weinheim, Basel: Beltz.
Pantuček-Eisenbacher, Peter (2019): Soziale Diagnostik. Göttingen: Vandenhoeck & Ruprecht.
Stenzel, Nikola Maria & de Veer, Anna-Maria (2021): Aufbau und Förderung sozialer Kompetenz. Göttingen: Hogrefe.

5 Krisenorientierte Gesprächsführung

☞ Überblick

Fachkräfte der Sozialen Arbeit werden in ganz verschiedenen Arbeitsfeldern mehr oder weniger umfangreich mit Krisen konfrontiert. Krisen können in jedem Lebensalter auftreten, sie können aus alltäglichen persönlichen und lebenslagebedingten Herausforderungen, Entwicklungsaufgaben oder besonders belastenden Ereignissen resultieren (Mirabito 2017, 127). In der krisenorientierten Gesprächsführung geht es nicht darum, unvermeidliche Krisen zu verhindern, sondern Ratsuchende darin zu unterstützen, mit krisenhaften Ereignissen und Erlebnissen bewältigungsorientiert umzugehen. Damit leistet diese Variante der Gesprächsführung einen Beitrag, riskante Eskalationen von Krisen mit Ausdehnungen auf weite Lebensbereiche zu vermeiden.

Die krisenorientierte Gesprächsführung in der Sozialen Arbeit ist auf psychosoziale Krisen bzw. auf die psychosozialen Implikationen von Krisen ausgerichtet. Eingangs werden die Kennzeichen psychosozialer Krisen einschließlich zentraler Risikofaktoren erläutert, die eng mit kritischen Lebensereignissen zusammenhängen (▶ Kap. 5.1). Um die Grundsätze der Krisenintervention geht es in den weiteren Ausführungen (▶ Kap. 5.2). Auf dieser Basis werden Interventionsmöglichkeiten in der Gesprächsführung umrissen, die sich auf die Emotionsregulation (▶ Kap. 5.3), die Überwindung dysfunktionaler Kognitionen (▶ Kap. 5.4) und die Aktivierung von Ressourcen (▶ Kap. 5.5) beziehen. Die Elemente der krisenorientierten Gesprächsführung werden an einem Fallbeispiel veranschaulicht, das der Fachliteratur entnommen ist.

Fallbeispiel

»Herr Burkhardt lebt mit seiner Frau und seinen beiden Kindern, sieben und zehn Jahre alt, in einem kreditfinanzierten Haus am Rande Berlins, das zu zwei Dritteln abbezahlt ist. Seit zwei Monaten hat Herr Burkhardt die Raten nicht mehr bezahlt. Zuerst erhielt er eine Mahnung von der Bank und nun die Androhung, der Kreditvertrag werde gekündigt. Die Familie lebt zurzeit von seinem Arbeitslosengeld und vom Einkommen seiner Frau, die halbtags in einer Sozialstation als Altenpflegerin beschäftigt ist. Mit dem Kindergeld reicht dies gerade, um den Familienunterhalt zu sichern. Herr Burkhardt hatte in den letzten sechs Monaten vor der betriebsbedingten Kündigung die Arbeitsstundenzahl und damit auch das Gehalt reduziert, um seinen Beitrag zum Überleben der Firma zu leisten – ohne Erfolg. Es wurde ein Insolvenzverfahren eröffnet. Jetzt bezieht er nur ein geringes Arbeitslosengeld, weil das Gehalt der vergangenen zwölf Monate als Berechnungsgrundlage herangezogen wird.

Da Herr Burkhardt sich für seine Arbeitslosigkeit schämt, hat er bisher nur seiner Frau davon erzählt und noch keinerlei Rechts- oder Schuldnerberatung eingeholt. Er hatte zwar schriftliche Bewerbungen verfasst, damit jetzt aber aufgehört, weil er die fehlenden Antworten und die Absagen als persönliche Ablehnung empfindet und deshalb schwer verkraften kann. Da seine Arbeit immer einen hohen Stellenwert in seinem Leben hatte und er sich mit seinem Betrieb und seiner Rolle als erfahrenes Multitalent für technische, logistische und handwerkliche Aufgaben stark identifiziert hatte, erlebt er den Arbeitsplatzverlust auch als Identitätskrise.

Er streitet sich nun auch häufig mit seiner Frau, weil er seine schlechte Laune in die Familie hineinträgt. Zudem verbringen die beiden viel gemeinsame Zeit zu Hause, wodurch jahrelang erprobte Routinen durcheinandergeraten. Ein weiterer Konflikt entsteht, als Frau Burkhardt überlegt, in der Sozialstation Vollzeit zu arbeiten, um das Familieneinkommen zu erhöhen. Herr Burkhardt interpretiert ihren Vorschlag so, dass seine Frau die Hoffnung aufgegeben hat, dass er wieder eine Arbeit findet. Außerdem kann er es nicht mit seinem Selbstbild vereinbaren, dass seine Frau Hauptverdienerin sein würde:

»Ich bin doch der Versorger!« Seine größten Ängste richten sich darauf, was Freunde, Bekannte und Familienmitglieder sagen werden. Frau Burkhardt ärgert sich über diese Haltung, fürchtet aber auch, dass die Familie das Haus verlieren könnte. Beide haben Katastrophenfantasien, die darum kreisen, dass die ganze Familie innerhalb kürzester Zeit obdachlos wird« (aus: Ulrike Scheuermann/Ingeborg Schürmann, Krisenintervention lernen, S. 61 f., © 2022 Beltz Juventa in der Verlagsgruppe Beltz, Weinheim Basel).

5.1 Kennzeichen psychosozialer Krisen

Die krisenorientierte Gesprächsführung in der Sozialen Arbeit ist primär auf psychosoziale Krisen ausgerichtet.

Psychosoziale Krisen

Psychosozial umfasst begrifflich-systematisch die psychischen Auswirkungen sozialer Probleme wie Ängste und Verzweiflung sowie umgekehrt die sozialen Auswirkungen psychischer Probleme wie Belastungen sozialer Netze oder berufliche Schwierigkeiten. Entscheidend sind die Wechselwirkungen, die den Prozess psychosozialer Probleme prägen. Psychosoziale Krisen stehen weder für eine pathologische Entwicklung noch werden sie auf individuelle Faktoren reduziert, stets sind die aktuellen Lebensbedingungen der Ratsuchende zu berücksichtigen (Keupp 2021, 35 f.).

Diese erste Annäherung an das Verständnis psychosozialer Krisen spiegelt den sozialarbeiterischen Hintergrund der gewählten Argumentation, in der Personen in ihren Umweltbezügen wahrgenommen werden. Bevor auf Details psychosozialer Krisen eingegangen wird, ist noch eine orientierende *Abgrenzung von psychiatrischen Krisen* sinnvoll, die auf Grenzen der krisenorientierten Gesprächsführung verweist. Bei einem psychiatrischen Notfall sind die verbalen Verständigungsmöglichkeiten und damit Kooperationsmöglichkeiten wegen möglicher Bewusstseinsstörungen oder Erregungszustände mit betroffen Menschen eingeschränkt, vielfach besteht ein unmittelbarer Handlungsbedarf (Ortiz-Müller 2021, 53). Die Abgrenzung sollte allerdings nicht allzu eng verstanden werden, denn auch in psychosozialen Krisen kann es zu seelischen Auffälligkeiten kommen, die einen fließenden Übergang zu psychiatrischen Krisen markieren. In der Fallanalyse sind diese Hintergründe zu beachten, um bei Bedarf eine Notfallintervention in Erwägung zu ziehen.

Eine psychosoziale Krise ist allgemein durch den Verlust des seelischen Gleichgewichts aufgrund kritischer Ereignisse oder belastender Lebensumstände geprägt, die Betroffene mit ihren vorhandenen Möglichkeiten der Problemlösung alleine nicht mehr ausreichend bewältigen können (ebd., 49). Mit der Grenze vorhandener Problemlösungsfähigkeiten unterscheidet sich die psychosoziale Krise von kritischen Lebensereignissen, die mit noch vorhandenen Bewältigungsroutinen gehandhabt werden können (Filipp & Aymanns 2018, 28). Es gibt vielfältige Auslöser für psychosoziale Krisen.

Anlässe psychosozialer Krisen

Sie umfassen erstens *körperliche Veränderungen* (Pubertät oder Manifestation einer somatischen Erkrankung) zweitens *seelische Konflikte*, die z. B. mit Ängsten oder zwanghaften Verhaltensweisen einhergehen, und drittens *soziale Umbrüche* (z. B. Verlust des Arbeitsplatzes in Verbindung mit Rollen- und Statusveränderungen).

In vielen Fällen sind die Anlässe nur der letzte Anstoß für die Krisenentstehung, dahinter liegt oft ein Prozess kumulativer weiterer Belastungen (Sonneck et al. 2016, 30f.). In einer etwas anderen Systematik wird ein krisenhafter Prozess auf folgende Faktoren zurückgeführt, die separat oder in Kombination auftreten:

5 Krisenorientierte Gesprächsführung

- Alltagsstress wie etwa berufliche, familiäre und finanzielle Belastungen, die in der Summe zu einem Gefühl der Überforderung führen
- non-normative Ereignisse wie Naturkatastrophen, politische Krisen, der unerwartete Verlust eines Menschen oder Verbrechen, die zu tiefgreifenden Erschütterungen führen
- »Seismic-Events«, die mit dem Gefühl, die eigene Welt als sicheren Ort zu verlieren, noch über die Auswirkungen non-normativer Ereignisse hinausgehen
- »Non-Events«, also ausbleibende, aber gewünschte Ereignisse wie ein unerfüllter Beziehungswunsch oder ein unerfüllter Kinderwunsch (Filipp & Aymanns 2018, 54f.).

In einer psychosozialen Krise wird das Person-Umwelt-Verhältnis gestört. Zu den häufig beobachtbaren Belastungsreaktionen zählen dysfunktionale Einschätzungen der Lebensumstände und der eigenen Person, maladaptive Reaktionen wie gesteigerter Medikamenten- oder Alkoholkonsum und ein depressiv motivierter Rückzug aus sozialen Bezügen und Aufgaben, der bis zu Hoffnungslosigkeit und einer erhöhten Suizidneigung reicht (ebd., 29). Die mit einer psychosozialen Krise verbundenen Veränderungen stellen die Lebensziele der Betroffenen in Frage, sie stören das psychosoziale Gleichgewicht, führen zu großen emotionalen Belastungen und beeinträchtigen ihr Selbstwertgefühl. Gelingt es nicht, die psychosoziale Krise durch eigenständiges oder professionell unterstütztes Bewältigungshandeln zeitlich zu begrenzen, können weitreichende Gefährdungen und Fehlentwicklungen eintreten (Stein 2015, 24). Die genannten Risiken verdeutlichen, dass eine Krisenintervention immer kurzfristig verfügbar sein sollte, um Zuspitzungen und Verfestigungen möglichst zu vermeiden.

> **Fallbeispiel**
>
> Übertragen auf das Fallbeispiel ist festzuhalten, dass sich Herr Burkhardt nach dem für ihn überraschenden Verlust seines Arbeitsplatzes, der gefährdeten Hausfinanzierung und den familiären Spannungen in einer psychosozialen Krise befindet, für deren Bewältigung er nach diversen erfolglosen Bewerbungen gegenwärtig keine Handlungsmöglichkeiten

sieht. Seine Frau und ihn plagen massive Sorgen, insbesondere die aus ihrer Sicht drohende Katastrophe der Obdachlosigkeit treibt sie um.

Psychosoziale Krisen begleiten jedes Leben. Bei der Suche nach Risikofaktoren, die eine psychosoziale Krise wahrscheinlicher machen und ihre Bewältigung erschweren, fallen altersgebundene Häufungen im Jugendalter, im jungen Erwachsenenalter und im hohen Alter als Lebenszeit mit vermehrt auftretenden kritischen Ereignissen auf. Ebenso zählen zu den Risikofaktoren soziale Umbrüche, die das Person-Umwelt-Gleichgewicht durch den Verlust von Gewissheiten und Sicherheiten unterminieren (Filipp & Aymanns 2018, 359f.). Die Anfälligkeit für eine krisenhafte Entwicklung wird bei den folgenden Hintergründen erhöht.

Risikofaktoren

- *Lebensgeschichtliche Belastungen:* Hierzu zählen insbesondere erlittene Angst um körperliche oder seelische Integrität, fortlaufende Kränkungen und Verletzungen, Traumata.
- *Psychische Störung:* Grundsätzlich sind alle psychischen Erkrankungen ein Risikofaktor, besonders psychotische Erkrankungen, Depressionen, Sucht und Persönlichkeitsstörungen.
- *Körperliche Beeinträchtigungen:* Vor allem Hirnfunktionsstörungen werden genannt, die negative Auswirkungen auf die Verarbeitungsmöglichkeiten von Anforderungen beinhalten.
- *Soziale Belastungen:* Armut, soziale Ausgrenzung, Wohnungsnot oder Arbeitslosigkeit wirken vielfach destabilisierend.
- *Wechsel grundlegender Lebensbedingungen:* Flucht, Unfall, Einsamkeit, Diskriminierung, schwere soziale Kränkungen – wie persönliches oder berufliches Scheitern – rauben ein für die Krisenbewältigung erforderliches verlässliches Fundament.
- *Beziehungsmangel und Beziehungsstörung:* Fehlende tragfähige Beziehungen und damit ein sozialer Schutz gegen Belastungen erhöhen ebenfalls das Krisenrisiko (Rupp 2017, 20f.).

5 Krisenorientierte Gesprächsführung

Für die Bewältigung psychosozialer Krisen im Alltag erweisen sich ein ausreichender Zugang zu vielfältigen Ressourcen und sozialer Unterstützung (▶ Kap. 4.2) und eine Lebensgeschichte als hilfreich, die davon geprägt ist, dass Grundbedürfnisse nach Sicherheit, Geborgenheit, persönlicher Unversehrtheit und Entwicklung gewährleistet waren. Hinzu kommen sogenannte Metakompetenzen wie Selbstwirksamkeit, Impulskontrolle, antizipatorisches Handeln und Frustrationstoleranz (Ortiz-Müller 2021, 59). Aus den Bewältigungsvoraussetzungen können Ableitungen für die Krisenintervention vorgenommen werden.

In den risikobegünstigenden Faktoren für psychosoziale Krisen fällt das *Zusammenspiel von individuellen und sozialen Einflüssen* auf. Der Vorzug der sozialarbeiterischen Perspektive im Umgang mit psychosozialen Krisen liegt gerade darin, dass der soziale Kontext einschließlich der gesellschaftlichen Rahmenbedingungen ausdrücklich in alle Überlegungen einbezogen wird. Die aktuellen Lebensbedingungen in der sogenannten Spätmoderne forcieren Erschöpfungszustände der Individuen, es können dann relativ geringe Anlässe genügen, um ein Krise auszulösen. Das Gefühl der Erschöpfung wird durch den Druck der permanenten Selbstreflexion und Selbsttransformation oder Selbstverwirklichung erzeugt, der sozial und beruflich gefordert wird, aber längst nicht immer auf entsprechende Bedingungen im Alltag trifft. Enttäuschungen, die in Angst, Trauer, Wut oder sozialem Rückzug zum Ausdruck kommen, wird durch die erlebte, individuell nicht auflösbare Diskrepanz zwischen gesellschaftlichen Erwartungen und vorhandenen Möglichkeiten der Umsetzung der Boden bereitet (Reckwitz 2019, 219 f.). Menschen erfahren, dass sich die Welt in Gestalt von Wissenschaft, Technik und Recht individuell, strukturell, kulturell und institutionell ihrer Verfügung entzieht, dies führt bei einer wachsenden Zahl zum Gefühl der Bedrohung, auch zu Wut und Verzweiflung sowie einer Grundangst, die den Blick auf die Zukunft trübt (Rosa 2022, 10 f.). Die gesellschaftstheoretischen Deutungsangebote ermöglichen es, psychosoziale Krisen breiter zu interpretieren und Ratsuchende darin zu unterstützen, Selbstauffassungen, nach denen sie persönlich gescheitert sind, zu relativieren.

Fallbeispiel

Bezogen auf Herrn Burkhardt fällt auf, dass die Krise durch die ökonomische und soziale Belastung der Erwerbslosigkeit geprägt ist. Herr Burkhardt schämt sich, seinen Arbeitsplatz verloren zu haben. Dass er nicht persönlich gescheitert ist, ganz im Gegenteil, hat er doch große Opfer durch Lohnverzicht erbracht, sondern durch eine nicht von ihm zu verantwortende Insolvenz des Betriebes unter erschwerten Marktbedingungen, hat er gegenwärtig nicht im Blick. Diese Einordnung könnte dazu beitragen, das Schamgefühl zu verringern.

5.2 Grundsätze der Krisenintervention

Kenntnisse über die Grundsätze der Krisenintervention tragen dazu bei, Überforderungen von Ratsuchenden zu vermeiden und einen angemessenen Handlungsrahmen für die Gesprächsführung abzustecken. Auch hier gilt: Ein fallbezogener und situativ angemessener Umgang mit den Vorgaben ermöglicht es, den Besonderheiten des Einzelfalls in der Gesprächsführung zu entsprechen (▶ Kap. 1.1).

Die Basis der Krisenintervention und der darauf bezogenen Gesprächsführung ist eine tragfähige Beziehung zu den Adressat*innen, deren Grundlagen bereits ausgeführt wurden (▶ Kap. 2). Daran anschließend gilt für die Krisenintervention, dass nicht zwingend alle genannten Aspekte umgesetzt werden müssen. Maßgeblich ist es, mit Ratsuchenden während der krisenorientierten Gesprächsführung zunächst in einem haltgebenden und Sicherheit spendenden Kontakt zu bleiben und je nach Fallkonstellation auf eine intensive und mitunter überfordernde Beziehungsgestaltung zu verzichten (Rätz 2022, 31). In einem sicheren Beziehungs-Raum fühlen sich Betroffene eher angenommen, sie können geschützt über ihre Probleme sprechen und erfahren damit eine erste Entlastung (Pauls 2013, 354). Die folgende Haltung unterstützt ein krisenangemessenes Beziehungshandeln der Fachkräfte.

> **Krisengerechte Haltung**
>
> - Bereitschaft zum Kontakt, aktive Zuwendung
> - Ratsuchende annehmen, wie sie sind, keine Wunschbilder verfolgen
> - anfangen, wo Ratsuchende stehen, das Gespräch auf die aktuelle Situation beziehen und die gegenwärtigen Probleme in den Mittelpunkt rücken
> - Verzicht auf Diskussion und Argumentation und Vermeidung eines Rechtfertigungsdrucks
> - Gefühle wahrnehmen, die Ratsuchende in Fachkräften auslösen
> - Orientierung an Bedürfnissen im Interesse einer unmittelbaren Entlastung
> - partnerschaftlich vorgehen, Ratsuchende möglichst an allen Schritten beteiligen, ohne ihnen in der Krise zu viel zuzumuten (Sonneck et al. 2016, 22 f.).

Die programmatisch benannten Aspekte einer krisenangemessenen Beziehungsgestaltung werden vornehmlich durch eine angemessene Einstellung und nonverbale Signale der Fachkräfte realisiert. Adressat*innen können sich auf diesem Weg leichter auf einen Kontakt einlassen und sich gegenüber Fachkräften in ihrer Notlage öffnen. Erst diese Voraussetzung führt dazu, Ratsuchende in ihrer besonderen Situation nachvollziehen zu können und ihren konkreten, in der Regel mehrdimensionalen Unterstützungsbedarf zu entdecken. In der krisenorientierten Gesprächsführung sollte danach eine möglichst breite Wahrnehmung der Adressat*innen erfolgen und *biologische, soziale, emotionale, kognitive sowie verhaltensbezogene Formen der Unterstützung* erwogen werden. Aus der breiten Themenpalette werden die Punkte ausgewählt, die unmittelbar gebraucht werden.

> **Beispiele**
>
> Hinsichtlich biologischer Aspekte kann es darum gehen, Ratsuchenden zunächst körperliche Ruhe zu ermöglichen oder für ein Getränk zu sorgen. Die soziale Form der unmittelbaren Hilfe kann darin bestehen, Adressat*innen die Gelegenheit zu verschaffen, eine konfliktbeladene

5.2 Grundsätze der Krisenintervention

Situation durch die Organisation einer vorübergehenden Unterbringung verlassen zu können. Emotional geht es in der krisenorientierten Gesprächsführung um direkte Formen des Trostes und des Beistandes durch entsprechend empathische Rückmeldungen. Kognitive Varianten der Unterstützung in einer psychosozialen Krise betreffen die modifizierende Auseinandersetzung mit Gedanken, die bestehende Probleme noch verschärfen. Schließlich kann es bei verhaltensbezogenen Formen der Intervention um detaillierte Instruktionen gehen, wie Adressat*innen in den kommenden Tagen ihre Zeit strukturieren sollten, um einer sozialen Isolation entgegenzuwirken.

Organisatorisch steht die Krisenintervention vor anspruchsvollen Aufgaben. Erforderlich sind ein niedrigschwelliger und damit ein schneller, leichter sowie kostenfreier Zugang. Dies setzt voraus, auf unterschiedlichen Kanälen, auf Wunsch auch anonym, erreichbar zu sein und für eine entsprechende Bekanntheit des Angebots zu sorgen. Die Krisenintervention ist zeitlich begrenzt, es geht in ihr um die Bewältigung akuter Probleme, erst nach deren Lösung oder Linderung können sich Adressat*innen auf eine breitere Fallarbeit einstellen.

Kriseninterventionsangebote werden in der Regel in Kooperation mit anderen psychosozialen Diensten vorgehalten, beispielsweise können Mitarbeiter*innen des Sozialpsychiatrischen Dienstes durch eine Einrichtung der Wohnungslosenhilfe um Unterstützung bei der Abklärung eines möglichen Suizidrisikos gebeten werden.

Schließlich wird eine spezifische Krisenintervention wegen der vielfältigen mit einer Krise verbundenen Probleme überwiegend in multiprofessionellen Teams erbracht (Scheuermann & Schürmann 2022, 266 f.). Die organisatorischen Anforderungen beschreiben eine ideale Krisenintervention. Im *Alltag* der Sozialen Arbeit werden allerdings die meisten krisenorientierten Gespräche in breiteren Arbeitszusammenhängen wie der Jugendhilfe, der Kliniksozialarbeit, der Suchthilfe, der Straßensozialarbeit oder der Schuldenberatung geführt. Die Fachkräfte können nicht unmittelbar auf andere Professionen zurückgreifen, sie sind zeitlich verplant und mit vielfältigen weiteren Aufgaben beschäftigt und stehen dennoch immer wieder vor der Herausforderung, unmittelbare Krisenhilfe zu leisten. Um diesen Ausschnitt geht es schwerpunktmäßig in den weiteren Ausführungen über die krisenorientierte Gesprächsführung unter Berücksichtigung der bisher vorgetragenen Grundsätze der Krisenintervention. Die krisenorientierte Gesprächsführung ist mit ihrer Ausrichtung auf akute krisenauslösende Probleme eine Kurzzeitberatung, in der Ratsuchenden die Gelegenheit gegeben wird, ihre Gedanken und Gefühle unzensiert anzusprechen, um eine erste Entlastung zu erfahren. In der *strukturierten Gesprächsführung* wird ein Verständnis der Krisensituation erarbeitet, das es Ratsuchenden ermöglicht, ihre Probleme besser einzuordnen und damit ihre bedrohliche Wirkung zu reduzieren und den Blick auf Handlungsmöglichkeiten freizulegen (Filipp & Aymanns 2018, 339). Es ist entscheidend für die Gesprächsführung, sich an gegenwärtigen Anliegen auszurichten, für die eine Lösung gebraucht wird, und auch wegen der knappen Zeit nicht unnötig in der Vergangenheit zu forschen. Ein transparentes, *fokussiertes* Vorgehen wird favorisiert, das ein Gefühl von Sicherheit vermittelt und schnell zu wirksamen Hilfen auch unter dem Rückgriff auf unterschiedliche Ressourcen führt (Zwicker-Pelzer 2022, 61 f.). In der systematischen Erfassung der Krisensituation stehen die folgenden Fragen im Zentrum.

Fragen in der Krisenintervention

- Was hat sich ereignet? Konkrete Beschreibungen werden erarbeitet.
- Was hat zur Krise geführt? Die erlebte Überforderung der Ratsuchenden wird nachvollzogen.
- Welche emotionalen, kognitiven und/oder behavioralen Aspekte sind relevant? Beschrieben werden Verhaltensweisen und Reaktionen auf die erlebte Krise.
- Welches zentrale Anliegen hat eine ratsuchende Person? Im Vordergrund stehen solche Anliegen, die eine unmittelbare Entlastung für Ratsuchende darstellen.
- Welche bisherigen Lösungsversuche haben Ratsuchende und ihr Umfeld sowie andere professionelle Dienste unternommen? Damit

wird vermieden auf Strategien zurückzugreifen, die sich bisher als nicht tragfähig erwiesen haben.
- Was muss vorrangig getan werden? Beachtet werden Wünsche der Ratsuchenden, situative Anforderungen und ggf. unmittelbare Gefahren, die in einen Einklang gebracht werden (Stein 2015, 91 f.).

Fallbeispiel

Im Fall von Herrn Burkhardt ist es für die Beziehungsgestaltung wichtig, seine Sichtweisen auch in Bezug auf die Rollenbilder in der Familie und die Katastrophenphantasien zunächst hinzunehmen, um den Kontakt nicht zu gefährden. Vorrangig geht es um die Klärung der Hausfinanzierung, die besondere Ängste bereitet. Offenkundig ist Herr Burkhardt in seiner aktuellen Verfassung nur begrenzt in der Lage, bestehende Handlungsoptionen wie ein vorübergehendes Rückzahlungsmoratorium zu organisieren. Weitere Handlungsmöglichkeiten und Ressourcen sind im Verlauf der Krisenintervention einzubeziehen.

In den folgenden Abschnitten werden *drei Interventionsschwerpunkte* vorgestellt, die in der krisenorientierten Gesprächsführung besonders bedeutsam sind. Hierbei geht es um die Regulation von Emotionen (▶ Kap. 5.3), die Veränderung dysfunktionaler Kognitionen (▶ Kap. 5.4) und die Aktivierung von Ressourcen (▶ Kap. 5.5).

5.3 Emotionsregulation in der krisenorientierten Gesprächsführung

Allgemein sind Emotionen relevant für die psychische Gesundheit mit ihren Konsequenzen für die Motivation, Entscheidungen und das soziale Miteinander. Emotionen führen vor allem dann zu Belastungen, wenn sie zu intensiv sind oder zu lange anhalten (Barnow, Reinelt & Sauer 2016, 5).

Krisen gehen vielfach mit Emotionen wie Verzweiflung oder Wut auf eine Situation einher, die unmittelbare Auswirkungen auf das Erleben und Handeln der Betroffenen haben. Bei der Emotionsregulation in Krisen unterstützt die Fachkraft Ratsuchende dabei, belastende Emotionen zu verarbeiten (Reicherts & Pauls 2013, 83).

Im Fokus der Emotionsregulation stehen belastende Emotionen, die einer konstruktiven Krisenbewältigung im Weg stehen. Aus systematischer Sicht werden folgende Emotionen unterschieden.

Typen von Emotionen

- *Primär-adaptive Emotionen:* Hierbei handelt es sich um unmittelbare natürliche Reaktionen, aus denen Handlungen hervorgehen, die der Befriedigung von Bedürfnissen dienen, beispielsweise Traurigkeit nach dem Verlust eines*einer Angehörigen und die Suche nach Trost bei anderen Menschen.
- *Primär-maladaptive Emotionen:* Sie treten auch unmittelbar nach Ereignissen auf, in ihnen kommen allerdings frühere Erfahrungen zum Ausdruck. So kann es sein, dass die durch eine Emotion veranlasste Zuwendung anderer Menschen an frühere Erfahrungen erinnert, die z. B. mit einem Missbrauch verbunden waren. Ratsuchende reagieren dann für ihr Umfeld unverständlich mit Rückzug oder Aggressionen.
- *Sekundär-reaktive Emotionen:* Auf primäre Emotionen reagiert der*die Betroffene mit sekundären Emotionen. Jemand empfindet beispielsweise Trauer in einer Situation und ärgert sich, dass er*sie trauert.
- *Instrumentelle emotionale Reaktion:* Gezeigt werden strategische Emotionen, um ein bestimmtes Ziel im Umgang mit anderen Menschen zu erreichen (Maurer & Löbmann 2019, 259).

Die Einteilung in adaptive und maladaptive Emotionen sollte nicht holzschnittartig erfolgen, sondern immer in Bezug auf Situationen und Kontexte vorgenommen werden. Zu berücksichtigen ist, inwieweit Betroffene ihre Emotionen kontrollieren können, wie intensiv sie erlebt und welche Ziele damit angestrebt werden (Barnow, Pruessner & Schulze 2020, 290).

5.3 Emotionsregulation in der krisenorientierten Gesprächsführung

Vorstellbar ist, dass Ratsuchende in einem Umfeld, das nur auf sehr starke Hilfesignale reagiert, ihre ansonsten eher gedeckelten Emotionen strategisch deutlich präsentieren, um Unterstützung zu erhalten. Sekundär-reaktive Emotionen können Betroffenen in einer Übergangszeit dienlich sein, um sich allmählich ihren Emotionen anzunähern, die sie dann besser aushalten können.

In der krisenorientierten Gesprächsführung kann die Emotionsregulation mit den folgenden Ansätzen praktiziert werden.

Ansätze der Emotionsregulation

Grundsätzlich geht es zunächst darum, ein Klima in der Gesprächsführung zu schaffen, das es Ratsuchenden erlaubt, ihre Emotionen auszudrücken. Im Unterschied zum Fühlen, das permanent geschieht, sind Emotionen spezifischer als eine Reaktion auf Belastungen oder eine Krise zu verstehen. Emotionen werden in der Gesprächsführung aufgegriffen, wenn sie vage und unbestimmt bleiben, um ein Emotionsbewusstsein zu fördern. Ein weiterer Anlass, gezielt auf Emotionen einzugehen, ist gegeben, wenn Emotionen von Betroffenen zurückgehalten oder unterdrückt werden. Die Thematisierung von Emotionen kann gewissermaßen eine kathartische Wirkung entfalten und Ratsuchenden Entlastung bringen. Schließlich sollte auf Emotionen in der Gesprächsführung eingegangen werden, wenn sie außer Kontrolle geraten, beispielsweise bei eskalierenden Angstzuständen. Fachkräfte unterstützen Ratsuchende in der Auseinandersetzung mit ihren Emotionen durch sensible Reaktionen und Formulierungshilfen, die es erleichtern, Emotionen zur Sprache zu bringen und damit der Reflexion zugänglich zu machen (McLeod & McLeod 2022, 204f.).

Die Förderung eines konstruktiven Umgangs mit Emotionen kann in der Gesprächsführung durch eine empathische Exploration umgesetzt werden, die drei Vorgehensweisen umfasst:

- exploratives Spiegeln von Emotionen, die zu einer weiterführenden Auseinandersetzung veranlasst

5 Krisenorientierte Gesprächsführung

- evokatives Spiegeln von Emotionen mit Hilfe anschaulicher Bilder oder einer geeigneten Sprache, die dazu einlädt, sich den eigenen emotionalen Reaktionen und Belastungen zu stellen
- explorative Fragen nach dem vergangenen und dem unmittelbaren Erleben, die zu einer vertieften Selbstexploration beitragen (Pauls 2013, 280).

Führen Emotionen zu einem Leidensdruck, der inadäquate Verarbeitungsformen hervorruft, ist eine weitergehende Emotionsregulation erforderlich (Reichersts & Pauls 2013, 79). Die Emotionsregulation kann durch die folgenden Schritte in der Gesprächsführung unterstützt werden:

- *Erkennen von Emotionen:* Emotionen werden benannt oder validiert und damit einhergehende Reaktionen den Ratsuchenden verständlich gemacht. Dabei ist im Blick zu behalten, dass auch andere Reaktionsweisen möglich sind, um den Weg für alternative Emotionen zu öffnen. Die in der beziehungsorientierten Gesprächsführung erläuterten Gesprächsführungstechniken des aktiven Zuhörens, der Paraphrase und der Verbalisierung kommen hier zum Tragen (► Kap. 2.3).
- *Schwache Emotionen fördern:* Fachkräfte reagieren verdeutlichend durch ihre Reaktionen auf wahrgenommene positive oder negative Emotionen von Ratsuchenden, die sehr verhalten eingebracht werden. Eine stellvertretende Freude über geleistete Schritte oder eine Ermutigung, sich über negative Erfahrungen zu ärgern, kann auf Ratsuchende ansteckend wirken und zur Klärung von Emotionen beitragen.
- *Starke negative Emotionen abschwächen:* Können sich Ratsuchende von massiven Emotionen wie Wut oder einer besonders bedrückenden Trauer nicht lösen, ist eine Herunterregulation weiterführend. Sie wird eingeleitet, indem die Aufmerksamkeit auf andere Gedanken oder Beschäftigungen gelenkt wird, um andere Emotionen auszulösen. Eine andere Variante ist die Methode Reframing: Die Situation, die negative Emotionen auslöst, wird aus einer anderen Perspektive betrachtet.
- *Primäre maladaptive Emotionen ersetzen:* Das Ziel besteht darin, diese Emotionen durch primär-adaptive Emotionen zu ersetzen. Erörtert wird in der Gesprächsführung, welche Bedürfnisse primär-maladaptive Emotionen zum Ausdruck bringen und wie diese angemessen befriedigt

werden können. Beispielsweise kann es darum gehen, die Motivation für eine destruktive Stimmung bei Ratsuchenden zu erkunden, die darin liegen kann, einer angstauslösenden Situation auszuweichen. Weitet sich das Spektrum an Methoden, mit Überforderungen umzugehen, können maladaptive Emotionen eher modifiziert werden (s. Schritt 1: Emotionen benennen und reflektieren) (Maurer & Löbmann 2019, 261).

Fallbeispiel

Bei Herrn Burkhardt sind emotionsregulierende Vorgehensweisen in der Gesprächsführung zu bevorzugen, die durch Verbalisierungen darauf zielen, Emotionen zunächst erkennbar zu machen. Die heftigen Ängste vor dem Verlust des Hauses können durch die Lenkung der Aufmerksamkeit auf eine Kontaktaufnahme mit der Bank oder einer Schuldenberatung möglicherweise gelindert werden. Seine Traurigkeit aufgrund ausbleibender Bewerbungserfolge sollte nicht banalisiert, sondern thematisiert werden. Schließlich ist das Thema Arbeit für Herrn Burkhardt mehr als ein Gelderwerb – es geht um seine Identität, die aktuell erschüttert ist.

5.4 Dysfunktionale Kognitionen in der krisenorientierten Gesprächsführung

Eine Krise mit ihren Auswirkungen auf das emotionale Erleben und auf weitere Lebensbereiche verändert teilweise auch die Wahrnehmung der Wirklichkeit durch Betroffene. Die Bearbeitung subjektiver Einschätzungen zählt zu den elementaren Bestandteilen der Krisenintervention (Stein 2015, 48). Zentral geht es darum, Deutungsmuster zu beachten, die eine Krise verschärfen und eine Bewältigungsbarriere darstellen (Sonneck et al. 2016, 33). Für die Krisenüberwindung ist eine Neubewertung der

Umstände ertragreich (Ortiz-Müller 2021, 59). Diese stellvertretenden Stimmen aus dem Feld der Krisenforschung unterstreichen die große Relevanz kognitiver Korrekturen, soweit Krisenverläufe zu Verzerrungen der Wahrnehmung führen.

In der krisenorientierten Gesprächsführung bietet sich zunächst die kognitive Aufarbeitung von Phänomenen an, bei denen Ratsuchende die Übersicht verloren haben. Das Ziel besteht darin, die Gedanken und die Wahrnehmung neu zu strukturieren, so dass eine Problemlösung erleichtert wird. Ratsuchende werden gebeten, sich auf ihre Gedanken und Kognitionen zu konzentrieren. Fachkräfte begegnen ihnen argumentativ mit kritischen Fragen und Anregungen, die dazu beitragen, Situationen einmal anders zu betrachten und Lösungen konkret anzugehen. Zu den Komponenten einer kognitiv aufarbeitenden Gesprächsführung zählen die Benennung von Problemen oder Problemausschnitten, die zu einer Irritation bei Ratsuchenden geführt haben. Das ausgewählte Problem wird vertieft und es werden Ziele erörtert, die Ratsuchende anstreben. Dabei werden u. a. Widersprüche zwischen Zielen und Verhaltensweisen aufgezeigt. Ratsuchende werden in der Entwicklung von handlungsrelevanten Entscheidungen unterstützt, erforderliche Informationen für die Verfolgung im Alltag werden einbezogen. Dabei wird gefragt, welche Sichtweisen und Wahrnehmungen die Umsetzung der als wichtig erachteten Lösung verhindern und wie diese verändert werden können (Pallasch & Kölln 2020, 158 f.). Führt dieser Weg in der Gesprächsführung nicht weiter, werden dysfunktionale Kognitionen systematisch vertieft.

Die Bearbeitung dysfunktionaler Kognitionen in der krisenorientierten Gesprächsführung orientiert sich an den Pionieren der Kognitiven Therapie und Beratung Albert Ellis und Aaron T. Beck, die ihre Aufmerksamkeit auf die Wahrnehmung der Umwelt durch Ratsuchende und der davon ausgelösten Gefühle und Verhaltensweisen richten (Borg-Laufs & Beck 2021, 216). Im gemeinsamen Gespräch werden Gedanken herausgearbeitet, die negative Auswirkungen auf die Gefühle und Verhaltensweisen der Ratsuchenden haben. Hierzu zählen typische Denkfehler wie die folgenden.

5.4 Dysfunktionale Kognitionen in der krisenorientierten Gesprächsführung

Dysfunktionale Kognitionen

- *Willkürliche Schlussfolgerungen:* Ohne sinnvolle Bezüge zum Geschehen werden beliebige Informationen herangezogen, die eigene Bemühungen wertlos erscheinen lassen. So kann die Wahrnehmung von der Überzeugung geprägt sein, dass ohnehin alles bergab geht, egal, was man dagegen unternimmt.
- *Selektive Abstraktionen:* In diesem Fall bestimmt ein Detail die Bewertung einer Situation, beispielsweise dominiert eine punktuelle Panne die Einschätzung, dass die Krise ihren Lauf nimmt.
- *Übergeneralisierung:* Aus einer Auffälligkeit oder einem Ereignis werden weitreichende Schlüsse gezogen, z. B. dass eine Trennung dazu führe, für immer allein zu bleiben.
- *Maximierung/Minimierung:* Kennzeichnend dafür ist, dass ein Ereignis zu stark oder schwach bewertet wird, beispielsweise wird ein Lob entwertet oder die Absage eines Termins als Katastrophe eingeschätzt.
- *Personalisierung:* Äußere Ereignisse werden der eigenen Person zugeschrieben, so kann eine Krankheit nur den Ratsuchenden treffen, wen auch sonst.
- *Dichotomes Denken:* Zwei sich ausschließende Kategorien werden in der Beurteilung der Wirklichkeit herangezogen, etwa weil einmal gelogen wurde, muss der andere Mensch ein Lügner sein (Borg-Laufs & Beck 2021, 220 f.).

In der Gesprächsführung werden solche Denkfehler identifiziert, in Frage gestellt und durch konstruktive Einschätzungen in sogenannten Disputationen ersetzt. Die Prüfung des Realitätsgehalts einer Aussage wird in einer empirischen Disputation vorgenommen. So kann gefragt werden, ob nach den bisherigen Erfahrungen ein anderer Mensch, der einmal gelogen hat, wirklich immer lügt. In einer logischen Disputation werden willkürliche Schlussfolgerungen kritisch beleuchtet. Wer sagt, dass er nach einer Trennung für immer allein bleiben wird, wird gefragt, ob es in der Vergangenheit nicht auch zu solchen Situationen kam, die anders ausgegangen sind. Eine weitere Form ist die normative Disputation, die sich gegen rigide Denkmuster richtet. So kann gefragt werden, wer festlegt, dass ein

Mensch keine Schwäche zeigen darf. Schließlich wird noch auf eine hedonistische Disputation verwiesen, in der Ratsuchende damit konfrontiert werden, dass sie alles tun, um ihre Ziele nicht zu erreichen, die ihnen doch wichtig sind. Auf der Grundlage der Disputationen werden funktionale Gedanken herausgearbeitet. Ratsuchende werden gebeten zu prüfen, welche der alternativen Überlegungen und Wahrnehmungen für sie anschlussfähig sind und wie es gelingen kann, diesen Sichtweisen im Alltag mehr Raum zu verschaffen (Borg-Laufs & Beck 2021, 223 f.).

Fallbeispiel

In der Falldarstellung wird eine Katastrophenphantasie in Bezug auf den möglichen Hausverlust erwähnt. Um die dysfunktionale Kognition zu überwinden, sollte das Problem genauer betrachtet werden. Hierbei könnte der Punkt erreicht werden, dass Frau Burkhardt ihre Erwerbstätigkeit aufstocken könnte, um die Tilgung des Bankkredits zu sichern. Die entschiedene Ablehnung durch Herrn Burkhardt kann mit der hedonistischen Disputation aufgegriffen werden, denn es besteht ein Widerspruch zwischen der Haussicherung und dem Festhalten an alten familiären Rollenklischees, wonach der Mann der Hauptverdiener sein muss. Ergänzend zur hedonistischen kommt auch eine normative Disputation in Frage, in der Rollenklischees aufgegriffen werden.

5.5 Ressourcenaktivierung in der krisenorientierten Gesprächsführung

Je nach der Krisenkonstellation geht es neben der Emotionsregulierung und der Veränderung von Kognitionen in der krisenorientierten Gesprächsführung auch um die Erschließung lösungsrelevanter Ressourcen. Um Krisen zu bewältigen, sollen vorhandene Ressourcen vergegenwärtigt und neue Potenziale erschlossen werden. Ratsuchende können zuver-

5.5 Ressourcenaktivierung in der krisenorientierten Gesprächsführung

sichtlich gestimmt werden, indem Fachkräfte den Blick von der Hoffnungslosigkeit auf Ressourcen und Handlungsmöglichkeiten lenken (Schubert 2021, 203). Die Ressourcenaktivierung beginnt bereits mit einer darauf ausgerichteten Haltung in der Gesprächsführung. Wird durch eine entsprechende Haltung erkennbar, dass Fachkräfte Vertrauen in die Kompetenzen und Fähigkeiten der Adressat*innen haben, um mit Belastungen und Krisen umgehen zu können, hat dies bereits eine ermutigende Wirkung (Stimmer 2020, 159).

Wie wichtig es ist, in Krisenzeiten Ressourcen zu fördern, zeigt die auf Hobfoll (2021) zurückgehende *Theorie der Ressourcenerhaltung*, die in der theoretischen Auseinandersetzung mit Krisen und kritischen Lebensereignissen entstanden ist. Unterstützungsquellen sind danach für das physische und psychische Wohlbefinden ausschlaggebend. Bei Ressourcenverlusten kommt es zu einer sich beschleunigenden Verlustspirale, die sich aufgrund fehlender Mittel für die Erschließung von neuen Ressourcen viel schneller entwickelt als eine Gewinnspirale. Betroffene sind in solchen Phasen besonders anfällig für weitere Belastungen, wobei Stress sowohl aus manifesten wie aus drohenden Ressourcenverlusten und aus ausbleibenden Ressourcengewinnen resultiert (Buchwald & Hobfoll 2021, 80f.). In der Theorie der Ressourcenerhaltung kommt ein transaktionales Ressourcenverständnis zum Ausdruck, das vielfältige Wechselwirkungen von Ressourcen betont (Schubert 2022, 514). Wer beispielsweise über gute kognitive Möglichkeiten verfügt, dem fällt es leichter, mit Menschen Kontakt aufzunehmen oder berufliche Herausforderungen zu meistern. Mit der Ressourcenaktivierung werden Mittel für die konkrete Bewältigung von Problemen organisiert und krisenbedingter Stress reduziert. Diese Wirkung wird vor allem dann erreicht, wenn Ressourcen zugänglich gemacht werden, die für eine gezielte Problemlage und Fragestellung relevant sind. Eine allgemeine Ressourcenorientierung würde Ratsuchende überfordern (Buttner 2018, 143).

Für die problembezogene Ressourcenaktivierung sind Vorstellungen erforderlich, worum es bei Ressourcen geht. Ganz allgemein könnte man sagen, alles, was Menschen als Ressource und damit als eine Quelle von Unterstützung wahrnehmen, zählt dazu. Von dieser Annahme ausgehend, ist ein breites Ressourcenverständnis zu bevorzugen, wie es Herriger (2020) in seinen Überlegungen zum Empowerment vorgelegt hat (▶ Tab. 2). In der krisenorientierten Gesprächsführung bietet es sich an, die Ressourcenausstattung und die Ressourcenwünsche systematisch mit der folgenden Tabelle zu erfassen, wobei auch eine punktuelle Nutzung, je nach Ausgangslage, gut machbar ist. Eine Übersicht über (teilweise) vorhandene Ressourcen, die in Krisenzeiten von Betroffenen leicht übersehen werden, kann eine erste Linderung bedeuten. Kommen noch ausdrückliche Ressourcenwünsche hinzu, die auf den Ausbau vorhandener Ressourcen und/ oder auf den Zugang zu neuen Ressourcen bezogen sind, wird damit die weitere Bewältigung thematisch gebahnt.

Tab. 2: Ressourcentabelle (unter Verwendung der Ressourcensystematik nach Herriger 2020, 93 f.)

Ressourcen	Vorhanden	Teilweise vorhanden	Nicht vorhanden	Wünsche
Personenressourcen				
Physische Ressourcen wie Gesundheit, körperliche und sonstige Belastbarkeit				
Psychische Ressourcen wie Selbstakzeptanz, Stabilität, Motivation und Bewältigungsoptimismus				
Kulturelle Ressourcen wie Sprache, Bildung, Qualifikation, subjektive Handlungsethik, Deutungsmuster, Religion				
Beziehungsressourcen wie Empathie, Kommunikation, Konfliktfähigkeit, Rollenkompetenz				

5.5 Ressourcenaktivierung in der krisenorientierten Gesprächsführung

Tab. 2: Ressourcentabelle (unter Verwendung der Ressourcensystematik nach Herriger 2020, 93f.) – Fortsetzung

Ressourcen	Vorhanden	Teilweise vorhanden	Nicht vorhanden	Wünsche
Umweltressourcen				
Soziale Netze und Zugang zu sozialer Unterstützung in Form von praktischer Hilfe, Informationen, Bewertungen und emotionalem Beistand				
Ökonomische Ressourcen wie Arbeit, Einkommen sowie Güterausstattung und Sozialstatus				
Ökologische Ressourcen wie Arbeitsplatz- und Wohnqualität, Infrastruktur im Sozialraum einschließlich Zugänglichkeit				

Aufbauend auf die Tabelleneinträge (oder unabhängig davon) bietet es sich in der krisenorientierten Gesprächsführung an, Ressourcen in der folgenden Form zu aktivieren.

> **Formen der Ressourcenaktivierung**
>
> Wahrgenommene Ressourcen werden ausdrücklich benannt und im Gespräch mit der Frage gewürdigt, wie sich Ratsuchende deren Nutzung im Alltag vorstellen können. Berücksichtigt werden in der Vergangenheit liegende Ressourcen, die mit Fragen danach, wie Ratsuchende seinerzeit den Zugang geschafft haben, was ihnen gut gelungen

109

ist und welche Umstände begünstigend waren, genauer beleuchtet werden. Die Rückschau erfolgt mit der Ambition, Ressourcen aus der Vergangenheit aktuell wiederzubeleben. Identifizierte Ressourcen werden nicht nur auf der sprachlichen Ebene einbezogen. Vielmehr kommt es darauf an, sie konkret in die Problemlösung einzubeziehen und damit für Ratsuchende erlebbar zu machen. Der Blick wird überdies in die Zukunft gerichtet. Ratsuchende werden befragt, welche weiteren Ressourcen sie sich gut zur Unterstützung in ihrer Lebensführung vorstellen können und wie sie zu erreichen sind.

In der Gesprächsführung werden Ratsuchende für einen schonenden Umgang mit Ressourcen sensibilisiert, um eine übermäßige Beanspruchung zu vermeiden, die mit dem Risiko eines Ressourcenverlustes verbunden ist. Gefragt wird, wie Ressourcen gezielt eingesetzt werden können, wann eine Überlastung, beispielsweise im Netzwerk, zu befürchten ist und wie sie vermieden werden kann (Flückiger & Wüsten 2015, 19f.).

Fallbeispiel

Nochmals übertragen auf das Fallbeispiel ergibt sich aus der tabellarischen Sondierung vorhandener Ressourcen u.a. die Erwerbstätigkeit von Frau Burkhardt, die Qualifikation von Herrn Burkhardt und seine große Motivation, wieder einen Arbeitsplatz zu finden, die intakte Familienstruktur und die sehr geschätzte Wohnsituation, um nur einige zu nennen. In der Gesprächsführung sollten die identifizierten Ressourcen benannt und gewürdigt werden. In der Rückschau kann vertieft werden, wie es der Familie gelungen ist, ein Haus zu erwerben und schon so weit abzubezahlen. Damit werden aus dem Blickfeld geratene Ressourcen wieder aktiviert. Auch positive Vorstellungen und Wünsche in Bezug auf die Zukunft schwächen die gegenwärtigen Ängste und können motivierend wirken. Herr Burkhardt sollte in der Gesprächsführung auch daran erinnert werden, dass er seine Familie mit seiner schlechten Laune nicht überfordern sollte, um eine ihm wichtige Ressource nicht zu überlasten und im Extremfall zu gefährden.

5.5 Ressourcenaktivierung in der krisenorientierten Gesprächsführung

Auf den Punkt gebracht

Die Besonderheiten psychosozialer Krisen, in denen die ansonsten bestehenden Handlungsmöglichkeiten der Betroffenen zumindest temporär nicht voll verfügbar sind, bestehen in den vielfältigen Wechselwirkungen zwischen sozialen Belastungen mit psychischen Auswirkungen. Deutlich werden die Zusammenhänge an folgendem Beispiel: Erwerbslosigkeit kann sich negativ auf die seelische Verfassung auswirken. Umgekehrt kann reduziertes psychisches Wohlbefinden das soziale Leben beeinflussen, z. B. wenn eine depressive Verstimmung Beziehungen im sozialen Netzwerk beeinträchtigt. In der niedrigschwelligen Krisenintervention ist eine haltgebende Beziehung neben einer fokussierten Bearbeitung vordringlicher Probleme geboten. Interventionen betreffen die Regulation belastender Emotionen durch ihre Verbalisierung und Abschwächung oder auch Intensivierung durch die angeleitete Steuerung der Aufmerksamkeit. Spielen dysfunktionale Kognitionen eine entscheidende Rolle, werden diese nachvollzogen und durch empirische, normative, logische und hedonistische Disputationen in Frage gestellt. Grundlegend bedeutsam ist in der krisenorientierten Gesprächsführung darüber hinaus die Aktivierung von Ressourcen, deren Wahrnehmung durch Ratsuchende krisenbedingt zuweilen in den Hintergrund gerät. Eine Sondierung und systematische Nutzung in der Gesprächsführung zählen zu den Kernelementen der Ressourcenaktivierung.

Reflexionsfragen

- Der Umgang mit krisenbelasteten Menschen fordert Fachkräfte persönlich heraus. Welche Formen der Selbstfürsorge sind Ihnen bekannt und wie können Sie diese einsetzen?
- Menschen in Krisen können so massiv leiden, dass Sie einen Suizid nicht ausschließen. Wie gehen Sie mit dieser Verantwortung in der Praxis um?

> - In krisenorientierten Gesprächen sind teilweise direktive Vorgehensweisen erforderlich. Was löst die Vorstellung bei Ihnen aus, Ratsuchenden in dieser Weise zu begegnen?

Weiterführende Literatur

Filipp, Sigrun-Heide & Aymanns, Peter (2018): Kritische Lebensereignisse und Lebenskrisen. Stuttgart: Kohlhammer.
Ortiz-Müller, Wolf, Gutwinski, Stefan & Gahleitner, Silke Birgitta (Hrsg.) (2021): Praxis Krisenintervention. Stuttgart: Kohlhammer.
Sonneck, Gernot et al. (Hrsg.) (2016): Krisenintervention und Suizidverhütung. Wien: Facultas.

6 Ausblick

Die Gesprächsführung in der Sozialen Arbeit sollte theoretisch weiter unterfüttert werden, beispielsweise durch den Rückgriff auf systemtheoretische, sozialökologische oder bildungsorientierte Zugänge. Der Theorie-Praxis-Dialog ist ausbaufähig. Mit ihm gelingt es, den wissenschaftlichen Charakter der Gesprächsführung deutlicher herauszustellen. Bislang dominieren Gesprächsführungsimporte vor allem aus dem Bereich der Kommunikationspsychologie und der Psychotherapie, wobei nicht immer klar ist, nach welchen Kriterien die Auswahl erfolgt. Gegen die Anwendung in einem je spezifischen Themenhorizont spricht nichts, allerdings in einem transformativen Prozess, der auf die Belange der Sozialen Arbeit abgestimmt ist. Damit kann es gelingen, die professionelle Identität der Fachkräfte zu stärken und eine allmählich eigenständige Gesprächsführung zu entwickeln.

Die Konzentration auf die Gesprächsführung in diesem Band ersetzt nicht die Arbeit an der Verbesserung der Lebensumstände der Adressat*innen. Menschen sind für Beziehungsangebote nur schwer zu erreichen, wenn sie von aktuellen sozialökonomischen Notlagen bedrängt werden. Die Motivation Ratsuchender hängt wesentlich von sozialen Perspektiven ab, die Gesprächsführung, so ausgefeilt sie auch sein mag, kann Lücken in diesem Bereich nicht kompensieren. Werden Ratsuchende stigmatisiert und ausgegrenzt, hilft auch keine isolierte netzwerkorientierte Gesprächsführung, sie ist vielmehr als Teil einer breiter angelegten Strategie zu verstehen, um die sozialen Teilhabechancen zu verbessern. Einschränkungen gelten auch für die krisenbezogene Gesprächsführung, denn die Bewältigung von Krisen hängt von entlastenden Lebensbedingungen für Ratsuchende und angemessenen strukturellen Voraussetzungen für Fachkräfte ab, die längst noch nicht gewährleistet sind. Mit diesen Hinweisen

6 Ausblick

wird der Radius der Gesprächsführung in der Sozialen Arbeit abgesteckt. Das schmälert nicht ihre Bedeutung für die Praxis, insbesondere dann nicht, wenn die Gesprächsführung als Teil der Sozialen Arbeit verstanden wird, die auf der Mikro-, Meso- und Makroebene gleichermaßen gefordert ist.

An verschiedenen Stellen wurde darauf aufmerksam gemacht, dass die Gesprächsführung nur gelingt, wenn Ratsuchende für die Zusammenarbeit mit Fachkräften gewonnen werden. In der Gesprächsführungsliteratur fällt allerdings auf, dass dort vor allem die Perspektive der Fachkräfte eingenommen wird. Zuweilen sind Gesprächsführungsvorschläge so speziell und kognitiv selbstbezüglich, dass der Eindruck entsteht, sie richten sich eher an angehende und praktizierende Sozialarbeiter*innen und weniger an Menschen, die auf konkrete Unterstützung angewiesen sind. Dieser Entwicklung kann mit Evaluationsstudien und partizipativen Forschungsprojekten begegnet werden, an denen Adressat*innen an allen Schritten beteiligt sind. Gesprächsführung ist in der Sozialen Arbeit nur sinnvoll, wenn sie von Adressat*innen als unterstützend erlebt und akzeptiert wird. Ihnen in der Forschung eine vernehmbare Stimme zu geben, ist dafür eine essentielle Voraussetzung.

Literatur

Alsleben, Heike & Hand, Iver (2013): Soziales Kompetenztraining. Leitfaden für die Einzel- und Gruppentherapie bei Sozialer Phobie (2. Aufl.). Wien, Heidelberg: Springer.
Bäcker, Gerhard, Naegele, Gerhard & Bispinck, Reinhard (2020): Sozialpolitik und soziale Lage in Deutschland (6., überarb. u. erw. Aufl. in zwei Bänden). Wiesbaden: Springer VS.
Barnow, Sven, Pruessner, Luise & Schulze, Katrin (2020): Flexible Emotionsregulation: Theoretische Modelle und Empirische Befunde. In: Psychologische Rundschau 71 (3), S. 288–302.
Barnow, Sven, Reinelt, Eva & Sauer, Christina (2016): Emotionsregulation. Wiesbaden: Springer.
Beck, Barbara & Borg-Laufs, Michael (2021): Änderungsmotivation. In: Dieter Wälte & Michael Borg-Laufs (Hrsg.): Psychosoziale Beratung (2., akt. Aufl., S. 82–99). Stuttgart: Kohlhammer.
Becker-Lenz, Roland & Müller-Hermann, Silke (2013): Die Notwendigkeit von wissenschaftlichem Wissen und die Bedeutung eines professionellen Habitus für die Berufspraxis der Sozialen Arbeit. In: Roland Becker-Lenz, Stefan Busse, Gudrun Ehlert & Silke Müller-Herrmann (Hrsg.): Professionalität in der Sozialen Arbeit. Standpunkte, Kontroversen, Perspektiven (3. Aufl., S. 203–229). Wiesbaden: Springer VS.
Bitzan, Maria & Bolay, Eberhard (2017): Soziale Arbeit – die Adressatinnen und Adressaten. Opladen, Berlin: Budrich.
Böhnisch, Lothar (2023): Lebensbewältigung. Ein Konzept für die Soziale Arbeit. Weinheim, Basel: Beltz Juventa.
Bollnow, Otto Friedrich (2001): Die Pädagogische Atmosphäre. Essen: Verlag die Blaue Eule.
Borg-Laufs, Michael & Beck, Barbara (2021): Methoden der Einzelberatung. In: Dieter Wälte & Michael Borg-Laufs (Hrsg.): Psychosoziale Beratung (2., akt. Aufl., S. 216–245). Stuttgart: Kohlhammer.
Buchwald, Petra & Hobfoll, Stevan E. (2021): Die Theorie der Ressourcenerhaltung: Implikationen für Stress und Kultur. In: Tobias Ringeisen, Petia Genkova &

Frederick T. L. Leong (Hrsg.): Handbuch Stress und Kultur (2. Aufl., S. 77–88). Wiesbaden: Springer.

Buttner, Peter (2018): Ressourcendiagnostik. In: Peter Buttner, Silke Birgitta Gahleitner, Ursula Hochuli Freund & Dieter Röh (Hrsg.): Handbuch Soziale Diagnostik (S. 142–151). Berlin: Lambertus.

Cohn, Ruth C. (1986): Von der Psychoanalyse zur Themenzentrierten Interaktion. Stuttgart: Klett-Cotta.

Culley, Sue (2015): Beratung als Prozess (6. Aufl.). Weinheim, Basel: Beltz Juventa.

Ebert, Jürgen (2017): Kommunikation und Berufsalltag. In: Ralf Hoburg (Hrsg.): Kommunizieren in sozialen und helfenden Berufen (S. 16–32). Stuttgart: Kohlhammer.

Engel, Frank & Nestmann, Frank (2020): Kritische Beratung und Macht. In: Verhaltenstherapie und psychosoziale Praxis 1, S. 29–41.

Filipp, Sigrun-Heide & Aymanns, Peter (2018): Kritische Lebensereignisse und Lebenskrisen (2., akt. Aufl.). Stuttgart: Kohlhammer.

Flückiger, Christoph & Wüsten, Günther (2015): Ressourcenaktivierung. Bern: Huber.

Forst, Rainer (2021): Die noumenale Republik. Berlin: Suhrkamp.

Fricker, Miranda (2023): Epistemische Ungerechtigkeit. Macht und die Ethik des Wissens (2. Aufl.). München: C. H. Beck.

Fuhse, Jan (2019): Kommunikation und Handeln in Netzwerken. In: Jörg Fischer & Tobias Kosellek (Hrsg.): Netzwerke und Soziale Arbeit (2. Aufl., S. 133–148). Weinheim, Basel: Beltz Juventa.

Gahleitner, Silke (2020): Professionelle Beziehungsgestaltung in der psychosozialen Arbeit und Beratung. Tübingen: dgvt.

Giesecke, Hermann (2015): Pädagogik als Beruf (12. Aufl.). Weinheim, Basel: Beltz Juventa.

Gitterman, Alex, Knight, Carolyn & Germain, Carel B. (2021): The Life Model of Social Work Practice (4. Aufl.). New York: Columbia University Press.

Gordon, Thomas (2013): Gute Beziehungen. Wie sie entstehen und stärker werden. Stuttgart: Klett Cotta.

Grundmann, Matthias (2006): Sozialisation. Skizze einer allgemeinen Theorie. Kölner Zeitschrift für Soziologie und Sozialpsychologie 59, S. 543–544.

Hancken, Sabrina Amanda (2023): Beziehungsgestaltung in der Sozialen Arbeit (2. Aufl.). Göttingen: Vandenhoeck & Ruprecht.

Heckhausen, Jutta & Heckhausen, Heinz (2018) (Hrsg.): Motivation und Handeln: Einführung und Überblick. In: Jutta Heckhausen & Heinz Heckhausen (Hrsg.): Motivation und Handeln (5., überarb. u. erw. Aufl., S. 1–13). Wiesbaden: Springer.

Heiner, Maja (2010): Kompetent handeln in der Sozialen Arbeit. München: Reinhardt.

Helsper, Werner (2021): Professionalität und Professionalisierung pädagogischen Handelns: Eine Einführung. Opladen, Berlin: Budrich.

Herriger, Norbert (2020): Empowerment in der Sozialen Arbeit. Stuttgart: Kohlhammer.
Herrmann, Franz (2023): Intuition und Improvisation in der Praxis der Sozialen Arbeit. Stuttgart: Kohlhammer.
Herwig-Lempp, Johannes (2022): Systemische Sozialarbeit. Haltungen und Handeln in der Praxis. Göttingen: Vandenhoeck & Ruprecht.
Hochuli Freund, Ursula & Stotz, Walter (2021): Kooperative Prozessgestaltung in der Sozialen Arbeit (5., erw. u. überarb. Aufl.). Stuttgart: Kohlhammer.
Holzer, Boris (2010): Netzwerke. Bielefeld: Transcript.
Huber, Günter L. (2018): Lernen. In: Hans-Uwe Otto, Hans Thiersch, Rainer Treptow & Holger Ziegler (Hrsg.): Handbuch Soziale Arbeit (6., überarb. Aufl., S. 943–955). München: Reinhardt.
Keupp, Heiner (2021): Die Normalität der Krise oder die Krise der Normalität. Krisenpotenziale im globalisierten Netzwerkkapitalismus. In: Wolf Ortiz-Müller, Stefan Gutwinski & Silke Birgitta Gahleitner (Hrsg.): Praxis Krisenintervention (3., überarb. Aufl., S. 31–46). Stuttgart: Kohlhammer.
Klug, Wolfgang & Zobrist, Patrick (2021): Motivierte Klienten trotz Zwangskontext (3. Aufl.). München: Reinhardt.
Kraus, Björn (2019): Relationaler Konstruktivismus – Relationale Soziale Arbeit. Weinheim, Basel: Beltz Juventa.
Kupfer, Annett & Nestmann, Frank (2018): Netzwerkdiagnostik. In: Peter Buttner, Silke Birgitta Gahleitner, Ursula Hochuli Freund & Dieter Röh (Hrsg.): Handbuch Soziale Diagnostik (S. 172–182). Berlin: Lambertus.
Langer, Inghard, Schulz von Thun, Friedemann & Tausch, Reinhard (2019): Sich verständlich ausdrücken (11. Aufl.). München: Reinhardt.
Lenz, Albert (2011): Netzwerkorientierte Intervention – Aktivierung sozialer Ressourcen. In: Albert Lenz (Hrsg.): Empowerment. Handbuch für die ressourcenorientierte Praxis (S. 223–256). Tübingen: dgvt.
Luhmann, Niklas (2000): Vertrauen (4. Aufl.). Stuttgart: UVK Verlagsgesellschaft.
Maurer, Julien & Löbmann, Rebecca (2019): Emotionsregulation als Beratungsansatz in der Sozialen Arbeit. In: Soziale Arbeit 68 (7), S. 257–266.
McLeod, Julia & McLeod, John (2022): Embedded Counselling in the Helping Professions. McGraw Hill: Open University Press.
Meyer, Melanie & Wälte, Dieter (2021): Beratungsabschluss. In: Dieter Wälte & Michael Borg-Laufs (Hrsg.): Psychosoziale Beratung (2., akt. Aufl., S. 292–298). Stuttgart: Kohlammer.
Miller, William R. & Rollnick, Stephen (2015): Motivierende Gesprächsführung (3. Aufl.). Freiburg: Lambertus.
Mirabito, Diane M. (2017): Social Work Theory and Practice for Crisis, Disaster, and Trauma. In: Francis J. Turner (Hrsg.): Social Work Treatment (S. 117–130). New York: Oxford University Press.
Nittel, Dieter (2016): Der erziehungs- und bildungswissenschaftliche Zugang zur Handlungsform »Beratung«. In: Wiltrud Giesecke & Dieter Nittel (Hrsg.):

Handbuch Pädagogische Beratung über die Lebensspanne (S. 20–30). Weinheim, Basel: Beltz Juventa.

Noyon, Alexander & Heidenreich, Thomas (2020): Schwierige Situationen in Therapie und Beratung (3., erw. Aufl.). Weinheim, Basel: Beltz.

Nussbeck, Susanne (2021): Einführung in die Beratungspsychologie (4. Aufl.). Stuttgart: utb.

Oechler, Melanie (2018): Dienstleistungsorientierung. In: Hans-Uwe Otto, Hans Thiersch, Rainer Treptow & Holger Ziegler (Hrsg.): Handbuch Soziale Arbeit (6., überarb. Aufl., S. 263–272). München: Reinhardt.

Oevermann, Ulrich (2013): Die Problematik der Strukturlogik des Arbeitsbündnisses und der Dynamik von Übertragung und Gegenübertragung in einer professionalisierten Praxis von Sozialarbeit. In: Roland Becker-Lenz, Stefan Busse, Gudrun Ehlert & Silke Müller (Hrsg.): Professionalität in der Sozialen Arbeit (3. Aufl., S. 119–148). Wiesbaden: Springer VS.

Ortiz-Müller, Wolf (2021): Krisenintervention: Theorie, Handlungsmodell und praktisches Vorgehen. In: Wolf Ortiz-Müller, Stefan Gutwinski & Silke Birgitta Gahleitner (Hrsg.): Praxis Krisenintervention (3., überarb. Aufl., S. 47–65). Stuttgart: Kohlhammer.

Otto, Ulrich (2018): Soziale Netzwerke. In: Hans-Uwe Otto, Hans Thiersch, Rainer Treptow & Holger Ziegler (Hrsg.): Handbuch Soziale Arbeit (6., überarb. Aufl., S. 1478–1491). München: Reinhardt.

Pallasch, Waldemar & Kölln, Detlef (2020): Pädagogisches Gesprächstraining (10. Aufl.). Weinheim, Basel: Beltz Juventa.

Pantuček-Eisenbacher, Peter (2019): Soziale Diagnostik. Verfahren für die Praxis Sozialer Arbeit (4. Aufl.). Göttingen: Vandenhoeck & Ruprecht.

Pantuček-Eisenbacher, Peter (2022): Grundlagen der Einzelfallhilfe. Göttingen: Vandenhoeck & Ruprecht

Pauls, Helmut (2013): Klinische Sozialarbeit. Weinheim: Beltz Juventa.

Pearson, Richard E. (1997): Beratung und soziale Netzwerke. Weinheim, Basel: Beltz.

Pfingsten, Ulrich (2018): Training sozialer Kompetenzen. In: Jürgen Margraf & Silvia Schneider (Hrsg.): Lehrbuch der Verhaltenstherapie. Band 1. Berlin, Heidelberg: Springer.

Rätz, Regina (2022): Professionelle Beziehungen sind alles – but not only! Sozialmagazin 2, S. 24–31.

Reckwitz, Andreas (2019): Das Ende der Illusionen. Frankfurt: Suhrkamp.

Reicherts, Michael & Pauls, Helmut (2013): Erlebens- und Emotionsorientierung. In: Helmut Pauls, Petra Stockmann & Michael Reicherts (Hrsg.): Beratungskompetenzen für die psychosoziale Fallarbeit (S. 79–100). Freiburg: Lambertus.

Rosa, Hartmut (2022): Unverfügbarkeit. Berlin: Suhrkamp.

Rosenbauer, Nicole (2020): Arbeitsbündnis und Vertrauen. In: Gerd Stecklina & Jan Wienforth (Hrsg.): Handbuch Lebensbewältigung und Soziale Arbeit (S. 624–632). Weinheim, Basel: Beltz Juventa.

Roulin, Christophe (2019): Regulation von Nähe und Distanz in professionellen Beziehungen. Soziale Arbeit 68 (4), S. 131–137.
Rupp, Manuel (2017): Notfall Seele (4., akt. Aufl.). Stuttgart: Thieme.
Saleebey, Dennis (2009): The Strength Perspective. Social Work Practice 41 (3), S. 296–305.
Scheuermann, Ulrike & Schürmann, Ingeborg (2022): Krisenintervention lernen (4. Aufl.). Weinheim, Basel: Beltz Juventa.
Schönig, Werner & Motzke, Katharina (2012): Netzwerkorientierung in der Sozialen Arbeit. Stuttgart: Kohlhammer.
Schubert, Franz-Christian (2021): Ressourcenaktivierung. In: Dieter Wälte & Michael Borg-Laufs (Hrsg.): Psychosoziale Beratung (2., akt. Aufl., S. 198–231). Stuttgart: Kohlhammer.
Schubert, Franz-Christian, Rohr, Dieter & Zwicker-Pelzer, Renate (2019): Beratung. Grundlagen – Konzepte – Anwendungsfelder. Wiesbaden: Springer.
Schubert, Iris (2022): Ressourcenorientierung. Ein Ansatz zur professionellen Arbeit mit alten Menschen. In: Christian Bleck & Anne van Rießen (Hrsg.): Soziale Arbeit mit alten Menschen (S. 513–529). Wiesbaden: Springer.
Schwing, Rainer & Fryszer, Andreas (2015): Systemisches Handwerk. Werkzeug für die Praxis. Göttingen: Vandenhoeck & Ruprecht.
Sonneck, Gernot, Kapusta, Nestor, Tomandl, Gerald & Voracek, Martin (Hrsg.) (2016): Krisenintervention und Suizidverhütung (3., akt. Aufl.). Wien: Facultas.
Staub-Bernasconi, Silvia (2018): Soziale Arbeit als Handlungswissenschaft (2., überarb. u. akt. Aufl.). Bern: Haupt.
Stein, Claudius (2015): Psychotherapeutische Krisenintervention. Tübingen: Psychotherapie Verlag.
Stenzel, Nikola Maria & de Veer, Anna-Maria (2021): Aufbau und Förderung sozialer Kompetenz. Göttingen: Hogrefe.
Stimmer, Franz & Weinhardt, Marc (2010): Fokussierte Beratung in der Sozialen Arbeit. München: Reinhardt.
Stimmer, Franz (2020): Grundlagen des methodischen Handelns in der Sozialen Arbeit (3. Aufl.). Stuttgart: Kohlhammer.
Stoecker, Ralf (2023): Toleranz. In: Stefan Jordan & Christian Nimtz (Hrsg.): Lexikon Philosophie. Hundert Grundbegriffe (S. 263–265). Stuttgart: Reclam.
Teater, Barbra (2020): An Introduction to Applying Social Work Theories and Methods (3. Aufl.). Maidenhead: Open University Press.
Terhart, Ewald (2019): Didaktik. Eine Einführung (akt. u. erw. Ausgabe). Ditzingen: Reclam.
Thiersch, Hans (2013): Authentizität – eine essayistische Skizze. In: Roland Becker-Lenz, Stefan Busse, Gudrun Ehlert & Silke Müller-Herrmann (Hrsg.): Professionalität in der Sozialen Arbeit. Standpunkte, Kontroversen, Perspektiven (3. Aufl., S. 249–263). Wiesbaden: Springer VS.

Literatur

Thiersch, Hans (2019): Nähe und Distanz in der Sozialen Arbeit. In: Margret Dörr (Hrsg.): Nähe und Distanz. Ein Spannungsfeld pädagogischer Professionalität (4. Aufl., S. 42–59). Weinheim, Basel: Beltz Juventa.

Thiersch, Hans (2020): Lebensweltorientierte Soziale Arbeit – revisited. Weinheim, Basel: Beltz Juventa.

Thole, Werner (2020): Soziale Arbeit und Gesellschaftskritik. Soziale Arbeit und ihre Möglichkeit, über Bildung gesellschaftskritische Praxis zu gestalten. In: Hans-Uwe Otto (Hrsg.): Soziale Arbeit im Kapitalismus (S. 109–122). Weinheim, Basel: Beltz Juventa.

von Spiegel, Hiltrud (2021): Methodisches Handeln in der Sozialen Arbeit (6. Aufl.). München: Reinhardt.

Wagenblass, Sabine (2018): Vertrauen. In: Hans-Uwe Otto, Hans Thiersch, Rainer Treptow & Holger Ziegler (Hrsg.): Handbuch Soziale Arbeit (6., überarb. Aufl., S. 1803–1814). München: Reinhardt.

Weinhold, Kathy & Nestmann, Frank (2012): Soziale Netzwerke und soziale Unterstützung in Übergängen. In: Silke Birgitta Gahleitner & Gernot Hahn (Hrsg): Übergänge gestalten – Lebenskrisen begleiten (2. Aufl., S. 62–67). Köln: Psychiatrie Verlag.

Weisbacher, Christian-Rainer & Sonne-Neubacher, Petra (2023): Professionelle Gesprächsführung (10. Aufl.). München: dtv.

Wendt, Peter-Ulrich (2021): Lehrbuch Methoden der Sozialen Arbeit (3. Aufl.). Weinheim, Basel: Beltz Juventa.

Widulle, Wolfgang (2020): Gesprächsführung in der Sozialen Arbeit (3. Aufl.). Wiesbaden: Springer.

Wunderer, Eva (2022): Ambivalenz. In: Fachlexikon der Sozialen Arbeit (S. 25). Baden-Baden: Nomos.

Zwicker-Pelzer, Renate (2022): Beratung als Handlungskonzept zwischen Sozialer Arbeit und Therapie. Über die Basics von Beratung, ethische Ansprüche und Reflexivität. In: Jörg Fischer & Saskia Erbring (Hrsg.): Zukunft der Beratung. 5. Sonderband Sozialmagazin (S. 61–75). Weinheim: Beltz Juventa.